STEAM核心概念与创造性探究

儿童早期数学教育中的创造性探究

CREATIVE INVESTIGATIONS IN EARLY MATH

全人教育 丛书主编

【美】安吉拉·埃克霍夫（Angela Eckhoff） 著

周晶 译

江蘇鳳凰教育出版社
Phoenix Education Publishing, Ltd

图书在版编目（CIP）数据

儿童早期数学教育中的创造性探究 /（美）安吉拉·埃克霍夫著；周晶译. -- 南京：江苏凤凰教育出版社，2020.12
（STEAM 核心概念与创造性探究）
ISBN 978-7-5499-9130-3

Ⅰ. ①儿… Ⅱ. ①安… ②周… Ⅲ. ①数学课－教学研究－学前教育 Ⅳ. ① G613.4

中国版本图书馆 CIP 数据核字 (2020) 第 268450 号

丛 书 名	STEAM 核心概念与创造性探究
书 名	儿童早期数学教育中的创造性探究
丛书主编	全人教育
作 者	【美】安吉拉·埃克霍夫（Angela Eckhoff）
译 者	周 晶
出版统筹	刘 煜 刘 芸
责任编辑	严小英
出版发行	江苏凤凰教育出版社（南京市湖南路 1 号 A 楼 邮编 210009）
印 刷	苏州望电印刷有限公司
厂 址	苏州市相城区望亭镇问渡路 27 号（邮编 215155）
开 本	787 mm × 1092 mm 1/16
印 张	7.75
版 次	2020 年 12 月第 1 版
印 次	2020 年 12 月第 1 次印刷
书 号	978-7-5499-9130-3
定 价	35.00 元
传 真	025-86551305
客服电话	025-58351159
盗版举报	025-58351159 025-83658579

本书如有印刷、装订等质量问题，请与印刷厂联系调换，电话：0512-66700301
提供盗版线索者给予重奖

目 录

概述

“快看我！”克雷对他的朋友肖恩和凯斯迪喊道。当克雷在纳什维尔动物园丛林攀爬区爬那个可以通向高台的梯子的时候，肖恩和凯斯迪正站在下面。为了鼓励儿童去探索动物不同的运动方式，动物园在丛林攀爬区设计了一个约10.7米高木质的“生命树”攀爬结构。“你爬的时候就像一只猴子！”站在附近的克雷的老师凯斯林说道。“快来，快像只猴子一样爬上去！”克雷向站在攀爬架下面的两个朋友鼓励道。这两个孩子也快速地爬到克雷站着的平台上。然后，这三个好朋友决定爬到绳网区，像猴子一样荡一荡。当他们像猴子那样向绳网区行进的时候，凯斯林老师用方位词描述着他们的动作——“太棒了，克雷！你已经接近顶端了。”“肖恩正在凯斯迪旁边。”“一直向右边走，对了！”

肖恩从自己在绳网的位置看出去，他看到了攀爬区另一端有一个大大的、张开嘴巴的蛇形结构。他告诉另外两个男孩儿自己的发现后，说服他们和自己一起钻到蛇形建筑的内部。于是，他们三个开始从绳网上下来，来到木质平台上。凯斯林老师一边看着他们从绳网上下来，一边鼓励肖恩想一想蛇的动作。“你得从猴子变成一条蛇啦。想一想动物管理员是怎么形容蛇的动作的。”她启发道，“是用s开头的一个词。”“蛇行（slither）！缓慢地蛇行！”肖恩回答道。凯斯林和这群孩子一起向蛇形建筑走过去，边走边鼓励他们用蛇行的方式移动，并且不断说出更多方位词，例如：“像蛇一样滑行穿过这里。”“凯斯迪在‘蛇’的顶端蛇行！”“哎呀，这几条小蛇滑行到地面啦！”

从上面克雷、肖恩和凯斯迪的案例可以看到，一日生活中有很多游戏机会，教师可以抓住这些机会为儿童引入并帮助他们巩固有关数学经验。在这个例子中，凯斯林老师用方位词描述儿童的身体动作，这些方位词对于儿童理解空间关系非常重要。她支持了儿童的创造性游戏，鼓励他们在游戏中运用有关动物动作的已有知识，与此同时，她在游戏中运用了大量的空间几何语言（方位词）来扩展与加深儿童对空间方位的理解。

在学前阶段，儿童对周围世界以及世界运转的方式非常感兴趣，并在了解外部世界的过程中自然而然地获得数学概念。作为教师，我们要满足儿童对知识的渴望与好奇心，有意识地组织创造性的探索活动，并鼓励他们在每天与环境交互作用的过程中通过这些活动来建构数学知识与技能。本书旨在提供一些知识和活动案例，以支持儿童通过探究和创造性思维技能来使他们的数学理解力得到发展。

我们可以在年幼儿童的各种游戏活动中看到他们的创造性思维技能，包括想象、探索、视觉图像化、设计、发散思维以及问题解决等。目前流行的线性的、基于事实的数学教育方式并不适用于 3 ~ 5 岁的儿童。相反，3 ~ 5 岁儿童会喜欢教师为他们提供动手操作的机会，并鼓励他们积极动脑思考。年幼儿童通过指导下的或者独立的探索活动来建构自己的早期数学认知，而这两种探索能促使儿童以有意义的方式积极参与。这些探索活动可以是大型的、持续一段时间的，比如制作教室或学校的地图，也可以是教师计划好的课程活动的一部分，例如儿童在制作橡皮泥的过程中帮助教师称各种原料的重量。这类探索活动最重要的价值在于能够调动儿童既动手又动脑地参与。本书强调，作为一个幼儿园教师，在儿童数学学习的过程中，我们应该引导和支持儿童对创造性的数学活动进行计划、实施，并参与评价。对早期数学的创造性探索将支持教师从以下几个方面提升班级的教学实践质量：

- 可以将数学内容与探究性学习建立联系。
- 可以设计合作性的数学学习活动，鼓励所有儿童参与。
- 通过一日生活的各个环节支持儿童的数学学习。
- 识别儿童的数学思维，以便在他们现有理解水平的基础上给予支持。
- 运用儿童各种活动中的作品，记录他们的经验发展过程。

评价是数学教学的重要组成部分，通过评价，教师能够深入了解对于特殊的儿童来说哪些活动或策略更有效，如果想努力提升儿童的理解力可以尝试哪些新的策略。对话、儿童的绘画以及其他形式的“作品”都是儿童思维以及理解的表征方式。通过对儿童作品的解读，教师可以更好地理解儿童的想法，还可以在此基础上为建构、加深儿童的数学理解力设计新的活动。

游戏化学习

对于年幼儿童来说，游戏是一种重要的学习方式。它可以帮助儿童理解自己、理解环境、理解与之互动的人们、理解周围的世界。游戏化的学习方式鼓励儿童在安全舒适的环境中迎接挑战、探索未知。当儿童通过游戏探索、实践、展开合作时，他们理解了世界运转的方式。在这个过程中，需要教师对儿童的游戏给予支持，需要教师能够仔细地分析游戏状况，并准确判断儿童何时需要教师的指导或干预。

在游戏中，儿童能够把日常生活中积累的经验运用起来，并进一步实践、厘清自己的理解。这个过程是儿童主导的，教师的任务是支持儿童的好奇心和探究欲。通过有意识的教学实践，教师可以创设一个崇尚儿童学习、探索以及游戏的班级环境。当教师仔细地观察儿童游戏并识别出他们现有的理解水平时，教师就可以通过提问、提供材料、鼓励探究等方式为儿童的思维发展提供支架，并为儿童提供指导性学习的机会。

早期数学经验

年幼儿童热衷于积极探索周围世界的运转方式。在探索周围世界的过程中，儿童通过与周围环境每日的交互作用建构数学知识。例如，学前儿童午餐时在每个伙伴面前摆放一个盘子，唱数数歌、和朋友一起玩桌面游戏时，他们既建构了数学知识又获得了数学认同感。由于儿童早期的数学经验会影响他们入学后对自己的理解能力与使用数学能力的信心，因此让儿童建立积极的数学认同感（positive mathematics identities）是至关重要的。

早期数学学习在以下方面对儿童的探索提出了挑战，这些内容包括模式与关系、排序与预测推理、测量等。在一个有着大量交流机会、鼓励儿童思考、尊重并支持儿童探索的环境中，支持性的指导才会发生。教师们需要牢记，在儿童的游戏中，数学学习无处不在，只有这样，教师们所给予的支持才能真正地巩固、扩展儿童对数学知识的理解。

国际教育学院（The International Academy of Education，简称 IAE）指出，有效的数学教学应遵循十条原则，教师们可以将其运用于自己的早期教育实践中。十条原则的具体内容详见下表的第一列。在下表中，教师还能看到支持儿童数学学习的相关实施步骤。

有效的早期数学教学原则与实施步骤

教学原则	教室中可以实施的步骤
高效的教师能够组建关注数学目标的学习共同体，可以帮助学生发展数学认同感，提高他们对数学的熟悉程度。	• 组建一个相互信任的学习共同体，儿童在这里感到安全并可以自由地提问、验证自己的想法。 • 围绕明确的数学目标组织教室里的数学活动。
高效的教师既能为学生提供独立探索的机会，也能为他们提供合作学习的机会，以加深对数学观点的理解。	• 为儿童的个别学习、小组学习以及集体学习提供适合的数学学习活动，并在多种学习活动之间取得平衡。
高效的教师能够在制订学习计划时充分考虑学生的兴趣、已有经验和技能，帮助学生建构知识。	• 在新的数学经验与儿童现有的理解力和数学知识之间建立联系。 • 充分利用他们对某些概念的误解和差错，使其成为帮助儿童深入理解数学概念的基石。
高效的教师知道他们选择的数学任务和案例会影响学生数学概念的形成、发展和运用，并会影响学生对数学的理解。	• 提供能够鼓励儿童进行创意思维（original thinking）的数学活动，并鼓励儿童之间就他们的想法展开激烈的讨论。 • 关注数学思维而非提供标准答案。 • 提供机会并鼓励儿童将学到的知识应用于一日生活中。
高效的教师鼓励学生在不同的问题解决策略之间建立联系，在数学话题和表征方式之间建立联系，在数学和日常生活经验之间建立联系。	• 为儿童在一日生活中运用数学知识提供机会。 • 强调不同数学概念和学习经验之间的联系。
高效的教师通过各种评价手段将学生的思维视觉化并支持他们的学习。	• 为儿童提供在学习过程中记录自己想法的机会。 • 密切关注儿童的学习进展并记录他们的想法。 • 肯花时间倾听儿童的回应，向儿童提出问题，并为所有儿童提供支持性的反馈。

（续表）

教学原则	教室中可以实施的步骤
高效的教师会推进那些聚焦于数学争论的对话。	• 鼓励儿童通过口头语言、绘画或书写等方式阐述自己的数学思考。
高效的教师通过示范使用合适的术语和用学生理解的方式交流意义来帮助他们建构数学语言。	• 在教室中使用数学语言。
高效的教师仔细挑选合适的教具和表征方式来为学生的思考提供支持。	• 为儿童提供各种适宜的数学学习材料。
高效的教师应具备扎实完备的知识并能运用这些知识，这些知识和能力是促使学生主动学习以及回应所有学生对数学学习需求的基础。	• 对数学内容和课程目标有深入的理解，这样才能做出明智的教学决策。 • 积极寻求专业发展机会以不断加强自身对数学内容和教学法的理解。

表格第一列内容来源：Anthony，Glenda，and Margaret Walshaw，2009. Effective Pedagogy in Mathematics. Educational Practices Series–19. Belgium：International Academy of Education.

引导式探究

当儿童开始萌发出早期数学学习技能时，探究式学习在有意义的学习过程中发挥着重要的作用。不同于传统数学学习里教师作为知识的传授者这一角色，在探究式学习模式中教师的角色是儿童数学学习的引导者、促进者，是通过提问、设计基于儿童兴趣的有意义的活动向儿童提出认知挑战的人。教师倾听儿童的能力为他们在教室里组织引导式探究奠定基础。

使用探究驱动的方式进行数学学习时，教师需要密切地与儿童一起“工作”，才能提升自己的观察和倾听能力，还需要鼓励儿童的个性化表达并提高他们探究问题的能力。探究式学习要求教师具备计划并进行精细教学

（intensive teaching）的能力，同时需要儿童高度专注和积极参与。当教师提出问题激发儿童的兴趣时，儿童会通过提问、探索、记录等形式展开学习。有时儿童会对自己感兴趣的话题进行多轮讨论、探索和记录，以获得深入的理解。在探究型的教室中，为了产生开放式的、能够引发探究行为的提问，我们需要放弃那种传统教学下的提问模式。比如，我们不能问儿童这是什么形状，相反，我们要请儿童来描述一下这个图形有什么特征，或者他们是怎么知道这是什么形状的。接下来，我们可以问问儿童，关于这个图形他们还想知道些什么，这样才能帮助他们对这个图形有深入的思考。这样做，教师才能够摆脱“猜猜我在想什么”这种提问方式，才能向儿童示范一个较高水平的提问应有的样子，才能鼓励儿童去思考自己知道什么、不知道什么、什么时候需要获得更多新信息、新信息能否支持或扩展自己的已有理解等。

研究者提出了“可能性思维”（possibility thinking）这一概念。这个概念能够鼓励教师思考提问、游戏、支持性班级环境、想象、创造、冒险、自我决

定等核心要素是如何对儿童的学习和思考产生很大影响的。可能性思维涉及儿童和教师之间一系列激烈的相互影响过程，包括以下几种方式：

提问——教师捕捉到并欣赏儿童的问题，教师提出的问题能够激发儿童探究。

游戏——儿童可以延长游戏时间。

专注——儿童能沉浸在没有批评和嘲笑的学习环境中。

创新——教师密切关注儿童思维中创新的成分，并能及时地促进和鼓励他们。

想象——儿童有充足的机会能够将想象和学习结合。

自我决定和冒险——当儿童有深度参与和冒险行为时，教师要鼓励他们。

阅读本书之后，教师们会思考自己与儿童的互动过程以及自己创设的班级环境。儿童、教师与教室环境之间的相互作用对于儿童的学习是至关重要的。关于如何为学前儿童提供积极的、有创造性的数学学习经验，下表提供了一些具体可行的建议。

促进引导式探究与创造性数学学习的建议

教室环境的构成要素	教师的支持性方案
物质环境	• 为支持儿童的自由探索精心提供多种操作材料，包括积木、自然材料以及电子产品。
教师角色	• 创设一个支持游戏化学习、实验与冒险的环境。 • 通过形成性评价密切关注儿童的游戏和探索活动。 • 深思熟虑后提出问题引发儿童的认知冲突，帮助儿童深化或厘清他们的想法。
同伴关系	• 提供合作的机会给儿童。 • 尊重儿童的作品。 • 增加儿童游戏和探索的机会。

（续表）

教室环境的构成要素	教师的支持性方案
数学活动及经验的结构	• 提供个人独自活动和小组活动的机会。 • 根据儿童的反应和兴趣灵活调整活动时间。 • 提供重复的数学经验。 • 提供可将儿童的思维视觉化的机会（运用具体的操作材料、数学记录本、数码照片等）。 • 对相似的数学活动和内容进行关联延伸，以提高儿童理解数学概念的熟练度与灵活性。

本书的结构

创设良好的教室环境对于鼓励儿童进行数学探索是重要的。本书的第一章提供了创设数学区和班级环境的指导建议。接下来的章节会关注具体的数学学习内容：数和数感，运算，几何与空间感，测量，数据收集与统计，模式与关系。在每一章，教师们都会看到全美数学教师协会（National Council of Teachers of Mathematics，简称 NCTM）提出的《美国学校数学教育的原则与标准》(以下简称《标准》)。除了特定的数学内容方面的要求，全美数学教师协会还指出，教师应该为儿童发展提供以下几个方面过程性标准的机会，这几个方面包括问题解决、数学推理与验证、交流、表征和关联。这些过程性标准与本书提倡的探究式的、有创造性的数学学习经验是一致的。除了全美数学教师协会提出的过程性标准以及期待，教师还会看到更具体的支持学前阶段数学学习的建议。

实现全美数学教师协会提出的过程性标准的建议

全美数学教师协会的过程性标准	针对学龄前幼儿的教育期待	针对早期教育的支持性策略
问题解决	• 通过问题解决掌握新的数学知识。 • 解决在数学及其他情境中出现的问题。 • 灵活采用各种适宜的方法解决数学问题。 • 监控和反思数学问题的解决过程。	为儿童提供提问、制定与执行计划、用实验验证假设、两两或小组合作的机会。
推理与验证	• 认识到推理与验证是数学的基础。 • 提出数学设想并进行检验。 • 发展和评价数学论证与验证的能力。 • 选择和运用各种推理和验证的方法。	为儿童提供记录自己数学思考的机会并请他们与小组或全班儿童分享，记录的方式包括绘画、书写。
交流	• 通过交流组织和巩固他们的数学思维。 • 清楚连贯地与同伴、教师或其他人交流他们的数学思维。 • 分析和评价他人的数学思维和策略。 • 用数学语言精准地表达数学观点。	为儿童提供与他人交流如何解决数学问题的机会，鼓励、支持儿童使用数学语言。
关联	• 认识到并应用数学概念（idea）间的联系。 • 理解数学概念是如何相互关联和逐步建构从而形成一个连贯整体的。 • 认识到并能应用数学于数学以外的情境。	为儿童提供在一日生活以及数学以外的领域中运用数学的机会。 多次回顾先前的数学内容，帮助儿童达到精熟的水平并建立自信心。
表征	• 创造和利用各种表征方式来组织、记录和交流数学概念。 • 选择、应用和转换各种数学表征方法来解决问题。 • 应用表征建模并解释物理现象、社会现象和数学现象。	为儿童提供各种表征自己数学思维的机会，表征方式可以是绘画、书写和语言表达。

来源：美国《学校数学教育的原则与标准》(*Principles and Standards for School Mathematics*)

本书为一线教师提供了能够促进学前儿童获得数学过程性能力和内容性能力的可行策略。在第 2 章到第 7 章的开篇部分，会有帮助教师熟悉本章内容的简介。同时还有关于教室环境布置的介绍，这些介绍会帮助教师将数学内容和教学策略变得生动有趣。在这几章中还穿插介绍了针对学龄前儿童的数学活动，这些活动都是以发展儿童的创造性思维为目的的最佳实践。另外，书中还提供了内容翔实的数学区指导、集体数学活动，每章最后还推荐了与各章特定数学内容相关的儿童用书。

第1章 创设有创造性的数学环境

早期教育者创设的班级环境对儿童创造性思维的发展至关重要，它要么能促进儿童思维的发展，要么会扼杀儿童的创造性思维，所以教师在年幼儿童创造性思维的发展过程中起着重要作用。通过设计数学活动来融入创造性学习经验时，教师可以将批判性思维和反思融入其中，同时也可以关注到儿童的兴趣点。在班级中，儿童的创造性发展过程也是学习的过程，在这一过程中我们应鼓励儿童参与社会性互动，促使他们多提出自己的观点，并要求儿童去记录、交流自己的观点和学习经验。当年幼儿童有机会亲身投入有挑战性的、反思性的学习历程时，他们才能发展出批判性思维和创造性思维。

本书介绍了一系列教学活动思路以及班级活动案例，其中蕴含了能够帮助儿童理解数概念、分类、比较、排序、形状、结构、方位、运动以及转换等概念的学习机会。课程活动中包含了探究和创造性思维的要素——开放式任务、参与社会互动的活动以及能够促进儿童反思并不断完善观点的机会。换句话说，本书中的数学活动将会激励教师去计划、组织、实施数学经验以教会儿童"如何去思考"，而不仅限于教会儿童"去思考什么"。开放式任务为年幼儿童提供了检验新观点和投入探究的机会。由于开放式任务促使儿童不断尝试新观点，因此它可以鼓励儿童关注学习过程而不是急于寻找单一的标准答案。在检验观点的过程中，儿童学会了接受不确定性，乐于去尝试错误，并在问题解决的过程中建立自信。同样的道理，提供小组合作和社会交往机会是培养创造性思维的构成要素。两两合作或小组合作可以引发头脑风暴，鼓励儿童与同伴相互学习和共同学习。同样，这样的任务还能促进儿童反思，提升他们反复推敲观点并不断完善的经验。这些能力是重要的认知工具，可以帮助年幼儿童在原有经验的基础上学习并检验自己的学习过程。在班级中使用创造性的构成要素，会为所有年幼儿童创设一个丰富的、吸引人的学习环境。

设计数学区

为了计划和实施数学学习活动，精心设计一个教室环境至关重要，这个环境能够支持儿童在一日生活中开展数概念、几何、估算、问题解决以及测量等方面的学习。数学区是班级中一个长期存在的区域，也是可以移动的区域，在该区域儿童可以自由操作数学材料和玩教具。这个区域不用很大，但其中的材料一定要有吸引力并在教师的精心组织下能支持儿童独立的探索行为。在创设数学区时可以考虑以下几个要素：

操作空间——确保儿童操作材料和教具的空间足够大，不要让他们因空间太小而感觉受挫。例如，拼图是儿童探索大小、方向、模式等数学概念的有效材料，但是儿童在操作拼图的过程中需要较大的空间，这样才能把所有的拼图块都摆放出来，并持续探索一段时间。数学区的空间大小还决定了儿童是一个人操作材料，两人结对操作，还是以小组形式操作。

材料的存储与呈现——如果空间够大，数学区还可以用来长期存放数学材料，这样方便教师和儿童取用。如果空间有限，材料要方便随时更换，这样才能支持儿童对当前的兴趣与活动进行深入的探索。如果数学区靠墙，教师可以将儿童在数学学习过程中产生的表格、图表以及其他作品呈现出来，并鼓励儿童利用这些陈列出来的内容支持、拓展自己的探索。

图书和数学记录本——除了儿童的数学记录本外，教师还可以提供一些相关的儿童数学读物。

一个目标明确、精心设计的数学区能够为儿童提供这样的学习机会，在这个区域中儿童能根据自己的兴趣，以自己的发展节奏，深入持久地探索在数学集体活动中获得的概念。在游戏中再次回顾之前获得的数学观点和概念是儿童建构数学知识很重要的一部分。教师在设计班级数学区时要帮助儿童做到以下几点：

- 基于自己的兴趣去探索和学习。
- 参与意义的发现与建构。
- 拓展数学集体教学活动。
- 深入探索数学集体教学中的概念或相关概念。
- 将数学与日常生活经验建立联系。

管理数学区的方法

在数学区用下面的方式可以使儿童的个人或小组探究更优化：

- 请儿童参与到学习区的创建和维护过程中。精心组织材料，这样儿童在使用后才能将材料摆放得井井有条。
- 仔细考虑在特定时间内学习区可以同时容纳的儿童数量。
- 确保儿童在学习区中有充足的操作时间，因为探索是需要时间保证的。为儿童提供可以回到学习区反复探索的机会。
- 与儿童分享、讨论教师对尊重材料、小心使用材料的期望。
- 确保儿童有机会分享和讨论他们在学习区中的探索和发现。数学记录本是记录儿童数学学习活动的有效工具。

用于数学探索的材料和玩教具

数和数感——各种大小、颜色可用于计数的材料；分类盘、骰子、算盘、数字板；各种大小、颜色、形状的玻璃宝石；各种白然材料，比如树叶、松果、贝壳、大小颜色各异的石头。

运算——收银机，仿真硬币和纸币，用于记录数字的纸和笔，大小、颜色各异的计数材料。

几何与空间——拼图，大小、颜色各异的形状积木，地图，制作地图的材料。

测量——卷尺，直尺，天平，时钟，日历，非标准测量工具（比如绳子）。

模式与关系——用于分类与计数的各种颜色和形状的材料，其他用于分类的材料比如石头、贝壳、彩色瓷片、纽扣。

数据收集与分析——各种物体以及用于分类的容器。

除了这些材料外，数字技术也是早期数学学习的重要资源。数字技术可以包括卡片机、电脑应用软件和游戏，交互性白板以及数码相机。

除传统资源外，为儿童提供其他类型的材料可以扩展、深化儿童的探索。建筑师西蒙·尼科尔森在 20 世纪 70 年代提出了“开放性材料理论”（the theory of loose parts）。开放性材料是指那些没有特定用处的材料，这些材料可以通过各种方式移动、携带、组合、重新设计、拆卸再组装等。开放性材料可以单独使用，也可以和其他材料组合使用，可以是人工制造的，也可以是自然物。在学前儿童的教室中，用来探索几何与空间概念的开放性材料可以是积木、沙、橡皮泥、卷纸芯、纸屑、丝带、瓶盖、木屑、金属线、硬纸板、大颗粒纽扣、玻璃宝石、绳子、贴纸、大颗粒珠子、吸管。需要注意的是，我们提供的材料应该是适宜儿童的，要能预防儿童窒息等危险。在儿童早期探索几何与空间的过程中提供开放性材料，能够鼓励儿童独立探索并让他们有操作的机会。提供非传统的学习材料增加了儿童在教室中的学习机会。接下来几章中我们会分享许多来自一线的案例，其中既包括传统的数学学习材料，也包括数字技术和开放性材料。

第2章 数概念和数感

数感是早期数学学习的核心内容，数感的发展将为儿童今后的数学学习奠定基础。在一日生活的各个环节中，儿童无时无刻不在接触数概念，无论他们是在玩桌游、分发材料还是在排队时找到自己的位置。这些日常经验为儿童提供了数数、数量比较的机会，这些个人体验对于儿童而言是有意义的。虽然日常生活中的数学经验很重要，但仍不足以支持儿童对数学有深入的理解。因此，教师应该有意识地设计一些学习活动，以帮助儿童理解数感和运算。深入的探索活动有助于儿童扎实、灵活地理解数概念。

对于年幼儿童而言，对数概念的理解是一个复杂的过程。如同年幼儿童在认识印刷体的字母C之前就能够唱《ABC歌》，年幼儿童会流畅地复述数词——1、2、3、4、5，但是这并不意味着他们理解数字4代表了4个物体。教师可以为儿童提供各种各样的机会，帮助他们通过操作实物来发展对数的理解。通过这种方式，教师可以为儿童理解计数与命名数提供帮助与支持。

教师在设计有关数概念和数感的活动时，心中要牢记全美数学教师协会提出的数学教育原则和标准中有关数概念和数感的内容。需要指出的是，贯穿本书的来自全美数学教师协会的美国《学校数学教育的原则与标准》所呈现的是对学前期（prekindergarten）[1] 到 2 年级儿童需要达到的目标和期待，不需要学前期儿童全部掌握这些概念。教师利用这些标准和期待引导儿童进行多项数学领域的学习是适宜的。早期数学经验很重要，不仅能为儿童后续的数学学习打下坚实的基础，更重要的是为儿童提供了在当下去理解数学概念的机会。教师可以在反复研究教育标准后，通过在全美数学教师协会的目标期待与活动之间建立联系来为儿童提供有吸引力、有挑战性、有趣的数学活动，这些活动中包含了一系列数学学习内容。

数与运算

理解数、数的表征方式、数量关系以及数系统

从学前期到 2 年级，所有学生都应该能够——

- 在理解的基础上数数，知道一个集合中有几个物体。
- 运用多种模式初步理解数的位值以及十进位数系统。
- 形成对整数的相对位置及大小的理解，形成对序数和基数及其之间关系的理解。
- 理解整数，并能灵活地表征和运用，包括数量间的关联、组合以及分解。
- 能够运用多种实物及表征方式在数词及其所代表的数量之间建立联系。
- 理解并表征常见的分数，如 1/4、1/3、1/2 等。

---

1 译者注：prekindergarten 在这里译成“学前期”，指的是美国幼儿园教育前的年龄阶段的教育。在美国，幼儿园（kindergarten）指的是小学一年级前的一年。根据美国的联邦法规，所有的孩子都必须进幼儿园。也就是说，幼儿园是义务公立小学教育的一部分。需要指出的是，在美国 1989 年的《课程与评价标准》中只包括幼儿园到十二年级的教育（K–12），而在 2000 年的美国《学校数学教育的原则与标准》中则包括了学前期至十二年级的教育（Pre–K–12）。这是因为现代研究表明，儿童在进入幼儿园前已经获得了一些数学知识和经验，而在学前期获得的数学知识和经验对他们以后的数学学习有影响。

理解运算的含义以及运算间的联系

从学前期到 2 年级，所有学生都应该能够——

- 理解整数加、减的各种含义以及这两种运算之间的关系。
- 理解整数加、减的结果。
- 理解需要运用乘、除的相关情境，例如物体的均分。

来源：美国《学校数学教育的原则与标准》(*Principles and Standards for School Mathematics*)

一一对应和基数

数数不仅仅只是复述一连串数词。要正确数数，儿童必须将数词和数数对象一一对应。一一对应原则指的是每个物体都要数且只能数一次。在理解一一对应原则之前，儿童主要依赖视觉感知去估数，此时儿童处于对量的笼统感知阶段，即对数量进行大致估计。当儿童在数数的时候开始点数物体，或者将物体排成一排，通过一一对应的方式匹配，他们就发展到了对数量的一一对应阶段。一一对应对于基数概念的发展来说是很重要的，通过对应儿童才会知道在数数时，嘴巴里数出的最后一个数词代表的是这组物体的总数。一旦儿童理解了数的基数含义，并且能够通过数数判断一组物体的数量，他们就发展到了通过计数量化的水平。

有助理解的班级教学案例：一起数数

在托马斯老师的班级里，布拉登和范尼萨与老师一起围坐在角色扮演区的小桌子旁边。在他们面前的桌子上混放了一些杂货店商品——塑料水果、蔬菜、小谷物盒子、空的饮料罐。布拉登想把这些食物分组摆放以便整理，托马斯老师建议他们先数一数每种食物有几个，然后再把它们放到不同的篮子里，这样有助于整理好货架。孩子们接受了这个建议，一开始他们一起数蔬菜和水果的数量。每次他们把一个食物放进篮子里，嘴巴里就说出一个相关的数词（1、2、3……）。当范尼萨打算把一个苹果放进篮子时，她突然忘记了刚刚数到几了。托马斯老师停下来说："我们来数一数篮子里有多少了，这样就能知道接下来的苹果该是几了。"她一边用手指着篮子里的水果一边数数。布拉登也和托马斯老师一起数，

范尼萨则兴奋地等在一边，当他们数完篮子里最后一个水果时，她大声叫着“6”，然后把手里的苹果放进了篮子里。

反思

托马斯老师与儿童的互动表明，日常生活中蕴含着丰富的非正式数学学习机会，老师可以充分利用这些机会来支持儿童理解一一对应和基数概念。老师可以在与儿童一起游戏的过程中示范如何数数，这是一个促使儿童和同伴一起数数的好机会。

量

为了建构对数和数量关系的理解，年幼儿童需要有操作、使用数量的丰富经验。教师可以在一日生活中创设或提供使用数量的情境，例如判断并表征一组物体的数量，以支持儿童理解数与量。在游戏化的数学活动中，儿童可以与同伴一起创造集合，通过增加物体或减少物体去感受集合的变化。通过和同伴一起玩数学游戏，儿童还可以检验自己解决问题的策略是否合理，并向同伴习得其他问题解决策略。在幼年时期，如果儿童有丰富的感受数量关系的经验，可以发展起一项重要的数学技能——感数（数感），这是一种不用数也能判断一组物体总数的能力。数感不是对估计、猜测的另一种创造性说法，是人可以通过视觉判断出精确数量的一种能力。如果儿童有大量的、持续玩数学游戏的机会，他们就会发展出对高频出现的、熟悉数量的感知能力，但数量一般不会超过 5。

有助于理解的班级教学案例：数一数、加一加

乔恩和艾尔莎正在为午餐布置餐桌。每张桌子需要放四个餐盘。缇娜老师把一摞 8 个餐盘递给乔恩，问他是否能够把这些餐盘分成相等的两组，每组有 4 个餐盘，这样艾尔莎就能直接往餐盘里放东西了。缇娜老师密切地观察着乔恩分餐盘的过程：1、2、3、4——每次从那摞餐盘里拿下一个盘子时，乔恩嘴巴里都会数数，与此同时，艾尔莎抱着叉筒围着每张餐桌走来走去。缇娜老师问："今天我们需要多少叉子啊？"艾尔莎开始去数班级里面有多少个小朋友。她小心翼翼地从自己开始数，然后数了乔恩，然后去数正坐成一圈看书的其他小朋友。她数到了 7 个小朋友，然后向老师确认："缇娜老师，我们是一共有 7 个小朋友吃午餐吗？""我们现在是有 7 个人，"缇娜老师说道，"但是等一下妮可的奶奶会把她送过来。如果妮可来了，我们需要几把叉子呢？"艾尔莎停顿了一下，然后兴奋地叫着说："8 把！"缇娜老师回应道："加法做得不错，艾尔莎！"

反思

在这个案例中，缇娜老师把教室中普通的日常经验变成了一个蕴含丰富数学学习机会的活动。教师通过提问和提供材料这样的策略为儿童理解数量关系提供了支持。这些蕴含数量关系的日常生活经验为儿童巩固在正式数学集体活动中获得的数学概念与技能提供了练习机会。

将数感融入活动的小贴士

在一日生活中，能够探索和整合数以及数感的机会很多。本章提供了一系列数学活动和案例，包括日常生活活动、音乐与运动活动、集体活动以及个人探索活动，其中蕴含了丰富的学习机会。教师可以通过提问，鼓励儿童借助记录让自己的数学思维视觉化等途径增加儿童进行数数、做加减法、估猜等活动的机会。

用于引发探究与探索活动的提问

- 你今天画画的时候用了几种颜色？
- 你的拼图块比我的多还是少？
- 你的盘子里有 3 块鸡块，我要给你添几块，你就能有 5 块鸡块了？
- 对的，4 加 1 等于 5。你能告诉我你是怎么算出来的吗？
- 你们有 4 个人，有 4 辆自行车。每人骑一辆自行车，自行车够吗？

活动方案

匹配

活动主题

一一对应。

活动目标

通过个别操作、两两或小组轮流操作，儿童能够在教室中找到与图片相对应的物体。

创造性技能

- 探索
- 问题解决
- 视觉化

活动材料

至少20张教室中物体的图片（积木、小汽车、玩偶、用于艺术创作的工具等）；用于塑封的工具。

活动概况

这个游戏可以儿童个别操作，也可以两两结对或者小组进行。儿童看到图片后，要在教室中找到与此匹配的物体。

在准备时先把教室中方便儿童取放、移动的物体的图片打印出来。开始时，一张图片中不能超过两个物体。教师可以以相同的规格将照片打印出来并塑封好。教师们应最少准备20张图片，这样就能做成一叠牌的样子。

活动过程

1. 先向儿童说明，他们会拿到一叠卡片，上面有班级中常见的物品。他们需要拿着卡片，在教室中找到相应数量的物体，然后把物体和卡片并排放好。确保儿童有足够的空间能把他们找到的对应关系展示出来。

2. 与儿童讨论匹配的含义是什么。特别需要注意的是，教师要着重指出一一对应的含义是什么。教师可以在讨论过程中提出这些问题：你在图片上看到了几辆玩具车？我们需要为这张图找到对应的物体，我们需要在教室中找到几辆玩具车才能和这张图对应起来？

3. 教师可以先示范一次匹配的过程，也可以先请 1 ～ 2 名儿童演示。

4. 每个儿童领一张图片，要求他们在教室中找到相对应的物体并摆放到图片旁边。

5. 视具体情况进行个别交流、小组讨论或班级集体交流，请他们说一说是如何找到相匹配的物品的，鼓励儿童大声地把自己匹配的过程讲述出来。

活动记录

观察儿童一一对应的过程。通过轶事记录儿童探索数概念和解决问题的能力。

活动延伸

在儿童有了一一对应的丰富经验后，还可以对这个游戏做出灵活的调整。比如，可以增加对应的数量——做 3 个、4 个、5 个物体的对应。这个游戏还可以延伸到其他领域——若提供自然材料可以用来做科学探索，若提供颜色则可以用来做视觉艺术的探索等。

神秘的数字口袋

创造性技能

- 交流

活动主题

认识数字 0 ～ 20。

活动目标

能够正确地认识数字 0 ～ 20。

活动材料

泡沫数字、磁铁数字或者 0 ～ 20 的数字卡片，用来装数字的袋子。

活动概况

这个游戏可以全班儿童一起来玩，大家围坐在一起，帮助儿童认识数字。教师可以根据本班儿童对数字的认识情况，决定是从 0 ～ 10 开始，还是可以认识 20 以外的数字。一旦儿童有了计数具体物体的丰富经验，就应该为儿童提供认识数字“0”的机会，因为很多儿童在理解“0”可以表示“没有”的过程中会遇到困难。一般而言，年长一点的学前儿童在有了丰富的有关数概念和数感的经验后，就可以像这个活动一样，将对数字 0 的认识包含其中。

活动过程

1. 从袋子里拿出一个数字，展示给儿童看。鼓励儿童大声说出他们看到的数字是什么。开始玩这个游戏的时候，可以鼓励全班儿童一起说出数词，因为这对于那些刚刚开始认识数字的儿童是有益的，他们可以从自己的同伴那里学到数词。

2. 邀请儿童轮流从袋子里拿出一个数字并说出这个数字是几。要求其他儿童看到数字时不要说出来。这样抽取数字的儿童才有机会说出数字。说完后请儿童一个接一个传递袋子。

3. 如果儿童说出的数字是错的，教师可以让儿童想一会儿并把数字放回袋子里，然后再将同一个数字拿出来。教师需要以鼓励的方式对儿童提出要求，比如：“我们再想想这个数字是什么。把数字放回到袋子里，一会儿我们可以再把它拿出来，看看它到底是几。”

活动记录

通过轶事记录儿童认识数字 0 ～ 20 的能力。

活动延伸

教师可以把大的数字放进袋子，以增加活动的复杂性。对于那些需要更多帮助的儿童而言，可以两人结对去玩这个游戏，通过与同伴轮流抽取并说出数字的方式可以减少他们的压力。

数字网

创造性技能

- 交流
- 视觉化

活动主题

认识数字 1 ～ 20。

活动目标

能够准确认识数字 1 ～ 20。

活动材料

1 ～ 20 的数字卡片，卡片的一面是数字，另一面是对应数量的点子，大毛线球，数码相机（可选）。

活动概况

这个游戏可以让全班儿童围坐在一起进行。

活动过程

1. 将数字卡片洗好，摞成一摞。儿童围成一圈，一个接一个地传递这摞卡片，要求传到每位儿童时，他们都从最上面拿一张卡片。

2. 告诉儿童，老师将会要求他们说出自己卡片上的数字是几，如果有需要可以根据卡片另一面上的点子数来说出数词。

3. 教师说出数字 1，请拿着数字 1 的儿童用手拉住毛线球的一端，要求儿童一只手拉住毛线，另一只手拿着数字卡片。

4. 要求儿童待在原地，教师会将毛线球的线递给他们。

5. 教师说出数字 2，把毛线球再放开一段，这样拿着数字 2 的儿童也能够拉着毛线。

6. 持续按顺序说出数字，直到所有儿童都拉着毛线。

7. 这一轮结束后，要求儿童想一想这个数字网的特征。教师可以通过提问引发儿童的思考：你能想出另一种特征的数字网吗？是不是班级里每个人都和另一个人连在一起了？

8. 拍一张儿童拉着蜘蛛网一样绳子的照片，提醒儿童想一想不同数字网中的数字是如何连在一起的。

活动记录

通过轶事记录儿童认识数字 1 ～ 20 的能力，可以将最后拍摄的像蜘蛛网一样的数字网展示在教室中，作为儿童活动的记录。

活动延伸

教师可以加入大的数字，也可以从数字 10 或者 20、30 开始。

数字跳跃游戏

活动主题

认识数字 1 ～ 6。

创造性技能

- 合作
- 交流
- 视觉化

活动目标

- 能够认识数字 1 ～ 6。
- 能够把数字和骰子上的点子数相对应。

活动材料

6 个面的骰子，室外用的粉笔，室内用的美纹胶带和标识。

活动概况

这个游戏融合了身体运动和数感。在开始游戏之前，画一条水平的数字线，上面写着 1 ～ 6 几个数字。在每个数字旁边放一个盒子，在盒子外面放一根粉笔，或者在盒子里面放一卷美纹胶带，盒子要大一点以确保儿童能站进去。这个游戏可以儿童自己玩，也可以两两结对，还可以小组玩。

活动过程

1. 在玩游戏之前让儿童讨论一下骰子。请他们观察一下骰子，知道骰子有 6 个面，每个面都有不同数量的点子。和儿童一起数一数骰子上每个面的点子数。

2. 请儿童站在离数字线六七米远的位置。

3. 请一名儿童掷骰子，看看哪一面朝上。这名儿童需要跳着到数字线上与这一面点子数相对应的数字位置，然后站到相应的盒子里，直到其他人掷出另一个数字。如果是小组游戏，儿童需要轮流掷骰子和数数。

4. 鼓励儿童一起数数，并帮助掷骰子的儿童跳着到数字线上相对应的位置。

活动记录

通过轶事记录儿童认识数字 1 ～ 6 的能力，从 1 数到 6 的能力以及与小组成员合作的能力。

活动延伸

可以让儿童同时掷两个骰子，把数字相加来决定数字线上的数字，这样数字就可以扩展到 12。教师也可以让儿童一起数一数——若要跳到数字线上的相应位置一共需要跳几步。

数字拼图

活动主题

认识数字 0 ～ 20 并排序。

创造性技能

- 问题解决
- 视觉化

活动目标

认识数字 0 ～ 20，并能够正确摆放数字，以完成一个数字拼图。

活动材料

21.5 厘米 ×28 厘米大小的有色卡片纸，用于储存卡片纸的拉链袋，数码相机（可选）。

活动概况

为儿童提供编有数字的拼图，以便他们拼在一起完成拼图。这个游戏可以儿童个人操作，也可以两两合作完成。

活动过程

1. 在将活动介绍给儿童之前，把数字在纸上贴成一排。如果想把拼图块做得大一些，游戏简单些，可以在卡片纸上只写 0 ～ 5 这几个数字。如果想把拼图块做得小一些，游戏复杂一些，可以在卡片纸上写 0 ～ 20 这些数字。把卡片纸按照数字剪开，做成网格式样的拼图块，这样可以确保拼图只能以一种方式组合在一起。可以每个儿童做一张拼图，也可以一组做一张拼图。

2. 把 1 个拼图的所有拼图块放到一个拉链袋里。在拉链袋上贴上拼图数，这样儿童就可以知道拼到哪个数就结束了。

3. 请儿童每人拿一个拉链袋并完成拼图。

4. 要求儿童将拼图数字朝上摆放在桌子上。鼓励儿童在拼了一小块拼图后，思考接下来的数字是几。

5. 当儿童完成拼图，鼓励他们数一数所有拼图块上的数字，以确保他们按照正确的顺序完成拼图。

活动记录

通过轶事记录儿童认识数字 0 ～ 20 的能力，从 0 数到 20 的能力以及与小组成员合作的能力。拍一些儿童拼拼图过程中的照片，再拍一些儿童完成的拼图的照片，将照片展示在教室中作为儿童回顾活动的资料。

活动延伸

教师可以提供更多的数字以增加游戏的复杂性，这样拼图中的数字更多，拼图块也会更小。教师还可以鼓励儿童制作自己的数字拼图。

按顺序排队

创造性技能

- 合作
- 交流
- 问题解决

活动主题

使用序数词第一到第五。

活动目标

能够用第一到第五这几个序数词来表示某个儿童在队伍中的位置。

活动材料

美纹胶带，便笺纸。

活动概况

这个活动为儿童提供了按照特定顺序排列位置的机会。在活动开始前，教师要在地板上贴 5 条美纹胶带或者把 5 张便笺纸贴成一条直线，方便儿童站在上面。

活动过程

1. 全班儿童围成一个圈或者站成一排。在活动开始之前，向儿童介绍序数词，并使用第一、第二、第三、第四、第五这几个序数词来介绍站在教师旁边的几个孩子。

2. 比较序数词和基数词的区别。和儿童讨论数数时使用的数词，即基数词是如何用来表示物体数量的，而序数词是用来表示某人或者某物体所在位置的。向儿童说明圈里站在教师旁边的儿童是队伍中的第一个孩子。

3. 邀请 5 名儿童站起来，要求他们排好队站成一排，并且说："托马斯排在第一个，贾克森站在托马斯后面，他排在第二个……"

4. 儿童排好队后，要求其他儿童说出谁站在第一个位置，谁站在第二个位置、第三个位置，以此类推。在儿童回答时，要求他们使用序数词。

5. 邀请其他儿童重复这个活动，确保班级里所有儿童都至少有一次参与活动的机会。

活动记录

通过轶事记录儿童使用序数词表示相对位置的能力。

活动延伸

教师可以把这个活动用于一日生活的其他环节中，比如在儿童排队时或在请儿童围着桌子坐时要求他们用序数词说明自己的位置等等。当儿童有了使用第一到第五这几个序数词的丰富经验后，教师可以根据班级儿童的数量增加更多的序数词。

教师还可以将经验拓展到分组计数上，比如请儿童数一数班级儿童所穿衣服的颜色有多少种，数一数这个月有几天，数一数离一个重要事件还有几天或者其他数量在 1 ～ 20 之间的物体。

教师还可以和儿童一起唱下面的数数歌。

《5 只绿色的斑点蛙》	《10 个小孩儿在床上》
5 只绿色的斑点蛙， 坐在一段斑斑点点的木头上， 吃着香喷喷的虫子，好吃，真好吃！ 一只青蛙跳进池塘里， 池塘里舒服又凉爽， 剩下 4 只绿色的斑点蛙，呱呱，呱呱。 （继续，每次减少一只青蛙） 4 只绿色的斑点蛙…… 3 只绿色的斑点蛙…… 2 只绿色的斑点蛙…… 1 只绿色的斑点蛙…… ……没有绿色的斑点蛙了！ 呱呱，呱呱，呱呱，呱呱。	10 个小孩儿在床上， 最小的一个说：“翻一下身！翻一下身！” 他们一起翻来又翻去，一个小孩儿掉下去。 现在床上剩下 1、2、3、4、5、6、7、8、9。 9 个小孩儿在床上， 最小的一个说：“翻一下身！翻一下身！” 他们一起翻来又翻去，一个小孩儿掉下去。 现在床上剩下 1、2、3、4、5、6、7、8。 （继续，每次减少一个） 最后只剩下一个小孩儿在床上， 最小的小孩儿说：“嗨，其他人都去哪儿了？”

相关儿童读物

Blackstone, Stella. 2005. *My Granny Went to Market: A Round-the-world Counting Rhyme.* Cambridge, Mass: Barefoot Books.

这是一本蕴含多元文化的数数书。书中描绘了一位老奶奶，她周游世界，每到一地就会购买一种当地独一无二的特产。

Cronin, Doreen. 2006. *Click, Clark, Splish, Splash: A Counting Adventure.* New York: Atheneum Books for Young Readers.

这是一本很吸引人、入门性质的书籍，是《Click, Clack, Moo》系列丛书中的一本。这本书包含了从 1 数到 10 的内容。

Johnson, Stephen T. 2003. *City by Numbers.* New York: Puffin Books.

这本书中提供了很多城市生活中真实物品的图片，帮助儿童认识数量 1 ~ 20。

第3章
运算

年幼的儿童会敏感地注意到一个集合中物体数量的变化，不管数量是增加还是减少。在分玩具或材料的时候，年幼儿童也会非常在意是否平均分配了。为了理解运算，儿童需要有丰富的经验进行匹配和数数。

全美数学教师协会的《标准》中所提到的运算可以通过教师的鹰架与有意识的教学在早期教育中实施。教师可以提供具体的加法示范，比如通过教具或材料演示如何把两个集合的物体放在一起，同样，教师还可以提供具体的减法示范，比如通过教具或具体实物演示如何从一个集合中拿走部分物体。在儿童共享东西或者把一组物体平均分成几组时会牵涉到均分。接着数是另一个重要的运算技能，指的是当把两个集合的物体合在一起时，儿童能够从一个集合的总数开始接着数而不是从1开始从头数。

使用数学语言交流是理解运算过程的重要部分。一日生活中蕴含着大量使用运算词汇的机会，有关运算的数学语言如下：加法、接着数、相等、减、数词、加、减法、集合、总数、拿走。

数与运算

熟练地运算并合理地估算

从学前期到二年级，所有学生都能够——

- 发展并使用整数运算策略，特别是加减法的运算策略。
- 能够熟练地使用数的基本组合进行加减运算。
- 使用各种方法和工具进行运算，包括实物运算、心算、估算、纸笔运算以及用计算器运算等。

来源：美国《学校数学教育的原则与标准》(*Principles and Standards for School Mathematics*)

有助于理解的班级教学案例：教室中的运算

4个儿童围坐在数学桌旁，准备玩一个新的桌面游戏，需要每个人拿3个彩色筹码才能参加游戏。教室里一共有12个筹码。贝克老师让儿童观察这一堆筹码，然后讨论并决定怎么分配才能确保每个人能拿到自己需要数量的筹码。米卡建议把这一大堆筹码分成 4 小堆。托米建议可以一人轮流拿一个，直到拿光所有筹码。贝克老师说：“好主意。我们可以把这一大堆筹码分成 4 小堆，我们还可以轮流从里面拿筹码，直到每个人都拿到 3 个筹码。你们想试试哪种方法？”孩子们决定采用轮流拿筹码的方式，每次拿一个直到拿光所有筹码。贝克老师说：“太棒了，你们把筹码平均分成了 4 堆。现在我们来试试米卡的方法。你们能把筹码放回来吗？放回来一会儿就行，接着请米卡为我们演示一下他的方法。”米卡看着这一大堆筹码，然后慢慢地从里面数出 3 个筹码，并把它们放在了一起，然后他又重复了三次。“做得好，米卡！”贝克老师接着说：“你们注意到米卡的方法了吗？他从这一堆 12 个筹码中拿出了 3 个组成一组，按照这个方法分了 4 组出来。”丹尼评论说：“两种方法都能分成 4 组，每组有 3 个筹码。”

反思

当贝克老师和孩子们在一起的时候，他鼓励儿童提出解决问题的各种策略。他还鼓励儿童尝试用不同的方法解决问题以探索大家提出的策略是否可行。用多种策略解决问题能够帮助儿童灵活地使用、理解数和运算。贝克老师还鼓励儿童在解决问题的过程中使用数学语言，如“相等”“集合”和“拿掉”。

将运算融入活动的小贴士

运算思维，指的是当在一个集合中增加或拿走一些物体后，儿童能够意识到数量改变的能力。早期教育的教室中有很多机会都可以支持儿童运算思维的发展。当儿童在操作教室中的材料时，他们会自然而然地将材料分成不同的集合，并主动比较哪一组数量多，哪一组少，或者一样多。当教师在计划活动时，比如为视觉艺术活动准备艺术类的材料时，或者为科学活动准备自然材料时，都可以鼓励儿童对材料分组、计数并调整集合。教师需要关注儿童是如何在操作物体和材料的过程中理解数学知识的，这可以帮助教师了解什么时候提问才能深化儿童的思考。比如，学前儿童经常会一个物体重复数两次或者漏数某个物体。教师看到了之后就应该要求儿童和自己一起再数一次，同时教师可以示范一边数一边用手指点每个物体一次。通过这个过程，教师向儿童传递了一个策略，即在数数的过程中，用手指点数物体很有用，掌握这个策略可以加深儿童对数与运算的理解。

用于引发探究与探索活动的提问

- 哪一组物体更多？你怎么知道的？
- 怎么做才能把这堆物体分成相同数量的 2 组？
- 你有 4 个玩偶，现在分给了马科斯一个，你还剩下几个玩偶？
- 你有几个？我有几个？咱们两个谁的更多？

活动方案

谁多谁少？

活动主题

比较两组或多组物体的数量，将各组物体的数量与卡片上的数词对应，并判断几组物体的数量谁多谁少，还是一样多。

创造性技能

- 合作
- 交流
- 问题解决

活动目标

- 儿童能够数出集合中物体的数量（数量不超过 5），在数数的过程中使用数词。
- 能够比较两组或多组物体的数量，并使用“多”“少”或“一样多”来表示比较的结果。

活动材料

上面有 1 ～ 5 数字和点子的卡片，数量为 5 的多组物体，如计数玩具熊、纽扣或者彩色筹码。

活动概况

这是一个导入性质的活动。在这个活动中，教师可以和儿童一起游戏。教师一边创造一个集合，一边要求儿童把集合中的数量与数字卡片做比较。

活动过程

1. 创造一个集合，集合中物体的数量在 1 ～ 5 之间。

2. 将数字卡片洗好摞成一摞。

3. 随机抽出一张数字卡片，问儿童是数字卡片上的数量多，还是集合中物体的数量多。例如，如果集合中有 3 只玩具熊，抽出的数字卡片上的数字是 1，儿童就需要识别出集合中的小熊数量更多。

4. 抽 5 次，每次都问上述问题。如果卡片上的数量和集合中物品的数量是一样的，那么儿童可以回答它们是相等的。

5. 游戏双方互换角色，改用下面的问题重复游戏：哪一个数量更少，卡片上的还是集合里的？

6. 这个游戏可以一直重复，直到每个儿童都可以熟练、准确地回答问题。

活动记录

通过轶事记录儿童的数数能力与数量比较能力。

活动延伸

教师可以在游戏中增加大的数字和数量，帮助儿童理解“多”“少”以及“相等”这些概念。儿童也可以两两结对玩这个游戏。

有多少？

创造性技能

- 合作
- 交流
- 记录
- 问题解决

活动主题

计数并记录日常生活中常见物体的数量。

活动目标

- 能够计数并记录教室里或学校里常见物体的数量。
- 能够在数数的过程中使用数词。
- 能够比较两组或多组物体的数量并寻找异同点。
- 能够使用描述性的词汇来解释比较的结果，如多、少、大、小、一样多、相等。

活动材料

数学记录本或空白纸，油画棒，记号笔或铅笔。

活动概况

这个活动可以帮助儿童更自如地计数，并帮助儿童意识到他们可以在日常生活中随时随地去计数，同时感受到计数是有趣的，教师可以用全班、小组或个别游戏的方式来组织该活动。

活动过程

1. 请儿童在教室或学校里数一数常见的物体，然后在他们的数学记录本上做好记录。

2. 检验一下儿童对任务的理解，请他们数一数教室中窗户的数量。他们可以通过在数学记录本上画出他们找到的窗户来记录，也可以通过写“窗户”这个词汇来记录，然后在绘画或词汇旁边写上相对应的数量。

3. 可以建议儿童去数一些物体，然后让他们从中选出一部分物体。

4. 与儿童讨论有关比较、寻找相同点或不同点的问题，然后要求儿童去比较他们数过的那些物体。教师可以考虑提出以下问题：我们教室里是窗户更多还是门更多？我们教室里哪些东西是一样多的？你怎么知道它们是一样多的？

5. 在游戏中介绍并巩固以下数学词汇：多、少、大、小、一样多和相等。

活动记录

把回顾儿童的数学记录本作为一种非正式的评价儿童理解状况的方法。

继续往下搭

活动主题

获得认识数量和数词的经验，数出一定数量的物体后继续往下加。

创造性技能

- 合作
- 交流
- 问题解决
- 有策略的规划

活动目标

- 能够认识 1 ~ 10 的数量和相对应的数词。
- 能够数出特定数量的积木并接着搭建一个建筑物。

活动材料

大小各异的搭建积木，数字卡片，上面有 1 ~ 10 的数量和数词。

活动概况

要求小组儿童共同合作来搭建一个建筑物。

活动过程

1. 创建由 2 ~ 3 个儿童组成的活动小组。
2. 向每组儿童说明——这个游戏的目标是看他们可以一起把建筑物搭建

得有多大。

3. 要求儿童轮流从一堆卡片中抽出一张，然后取出相应数量的积木，用这些积木在前面搭好的建筑物基础上继续搭。

4. 当轮到的那个孩子往建筑物上放积木时，鼓励其他儿童一起数。

5. 如果建筑物倒塌了，鼓励他们重新开始搭建。

活动记录

通过轶事记录儿童的合作能力、问题解决能力、识别数量和使用数词的能力、计数的能力。

活动延伸

如果儿童已经对数词和这个游戏有了丰富的经验，教师可以增加一些大的数词。教师也可以增加不同形状和颜色的积木，以提高游戏的复杂性。

集合比较

活动主题

比较集合并使用数学语言描述集合。

创造性技能

- 合作
- 交流
- 记录
- 问题解决
- 视觉化

活动目标

- 能够比较两个集合，寻找相同点和不同点。
- 使用描述性词汇（如多、少、大、小、一样多、相等）来解释比较结果。

活动材料

各种各样可用于数数的材料（彩色立方体、树叶、贝壳等等），数学记录本或空白纸，油画棒、马克笔或铅笔。

活动概况

儿童可以小组合作创建不同的集合，计数并比较集合中的物体数量（集合中物体的数量不超过 5）。这个活动的设计意图是鼓励儿童数数或比较两组相似或不同的物体。第一次玩这个游戏时可以使用相似的材料。当儿童有了经验或者对游戏有了基本的理解之后，再比较两组不同的物体。比如，如果一开始教师给儿童提供的是玩具熊，那么儿童可以先创建两个由玩具熊构成的集合。下一次玩这个游戏时，教师可以鼓励儿童创建由不同形状、大小、颜色的材料构成的集合，这些材料中的差异可以帮助儿童在数数的过程中发展比较材料的能力。

活动过程

1. 先与儿童讨论比较两组物体或者集合到底是什么意思。

2. 向儿童说明这个游戏需要有“领导者”和“计数人”，“领导者”负责创建由 5 个或少于 5 个物体构成的集合，“计数人”需要判断这两个集合中的数量是一样多还是不一样多。鼓励小组内部成员轮流，这样每个人都有机会做“领导者”和“计数人”。

3. 要求儿童使用他们的数学记录本或空白纸记录每一轮游戏的结果。鼓励儿童使用绘画或书写的方式记录——用任何一种方法都是基于儿童自身书写发展水平的，因此都是合适的。例如，儿童可以画一幅玩具熊的图片，然后在旁边写上数字，他们也可以在绘画之外写上“熊”这个词。

4. 在游戏中介绍并帮助幼儿巩固数学词汇：多、少、大、小、一样多和相等。

5. 如果儿童是第一次玩这个游戏，教师可以和儿童围坐在一起练习。教师可以考虑提出下列问题：你怎么知道这两组物体的数量一样多呢？你如何验证自己的想法？我们一起数一数有几个吧。它们是一样多还是某一组数量更多？

活动记录

通过轶事记录儿童的合作能力、问题解决能力、视觉化能力，以及在两组物体之间做比较的能力。审视儿童创作的数学记录本，其中的某些内容也可以作为记录的一种方式。

活动延伸

当儿童能够熟练地数数以及比较两组物体之后，可以鼓励他们创建由 5 个以上物体组成的集合。

故事接龙

活动主题

通过讲故事来运算。

创造性技能

- 合作
- 交流
- 记录
- 问题解决
- 视觉化

活动目标

- 能够参与小组的故事讲述活动。
- 当往一个集合中增加了物体或者两个集合合并后，能够描述集合的变化。
- 当从一个集合中拿走了物体或者将一个集合分成两个后，能够描述集合的变化。

活动材料

大张的画纸，彩色铅笔和细头马克笔，毛毡板和毛毡形象（可选），白板和可干擦的马克笔（可选）。

活动概况

向儿童介绍小组的故事讲述活动，与儿童讨论怎样合作创作一个故事。儿童可以通过想象为故事增加情节，同时也要尊重他人对故事情节的想象。轮流进行既可以丰富儿童的小组合作经历，又保证每个儿童都有故事讲述的机会。

活动过程

1. 一开始请儿童在画纸上或者白板上画一个或多个角色形象，或者把毛毡形象粘在毛毡板上，让儿童数一数有多少形象在上面。

2. 开始讲述故事，然后请一个儿童分享接下来会发生什么。

3. 如果这是儿童第一次接触小组讲述故事活动，教师可以帮助儿童从熟悉的故事入手并随着故事的进展对其进行改编，从而丰富儿童小组故事讲述的经验。《三只小猪》或者《白雪公主和七个小矮人》就是可以提供比较容易开头的故事，因为这两个故事的情节是紧紧围绕着故事中的形象而展开的。比如，教师可以在讲《三只小猪》时在白板上画出小猪，或者使用毛毡小猪，然后要求儿童数一数有几只小猪。接下来，教师可以增加一对小猪表兄弟到故事角色中，用这种方式对故事进行改编，先画出一对小猪的表兄弟，然后将其与之前的三只小猪放在一起，再让儿童数一数白板上有几只小猪。

4. 强调数学语言“多”和“少”的使用，继续故事讲述，鼓励儿童在故事中增加新的角色或者从故事中撤除一些角色。确保在需要引入新角色的地方停一下，请儿童数一数故事中的形象。

活动记录

通过轶事记录儿童合作的能力、问题解决能力以及视觉化的能力。使用故事板记录故事中出现的角色数量以及故事讲述中遇到的问题。

接着数

活动主题

使用 1 ～ 10 的数轴判断两个数之和。

活动目标

能够利用数轴接着数到特定的数。

创造性技能

- 合作
- 交流
- 视觉化

活动材料

没有横格线的、10 厘米 ×15 厘米大小的便笺纸至少 20 张，马克笔，彩色筹码或者其他可以用于数数的小物体。

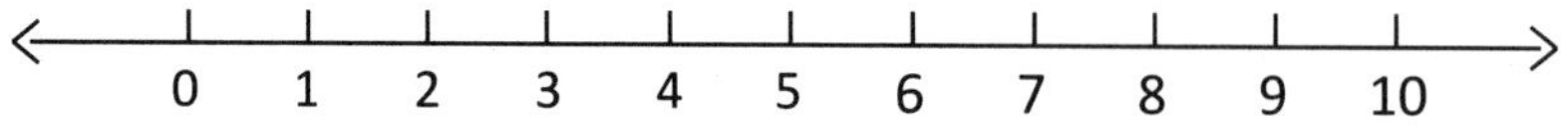

0 ～ 10 的数轴示例

活动概况

由于这个活动包含了新的数学想法和玩法，教师最好通过集体活动或小组活动的形式向儿童介绍这个活动。儿童可以先沿着数轴数数，把筹码放在最后数出的那个数字上，然后使用筹码接着这个数往下数。从一个特定的数接着往下数到另一个数是一个重要的数学心理策略。儿童需要花费一定的时间去学习这个策略，因为他们会习惯地从 1 开始数。

活动过程

1. 活动开展之前准备好便笺纸，在每一张便笺纸正面的中心位置画一条竖线，然后在竖线的两边分别写一个数字，注意写上去的两个数字之和不能超过 10，比如 5、3、4、2。在便笺纸的背面写上这两个数字之和。把便笺纸摞成一摞，正面朝上。

2. 向儿童出示数轴，要求儿童一起读出数轴上的数字 1 ～ 10。告诉儿童他们将要运用数轴去解决一些数量问题。

3. 对儿童说玩这个游戏需要从这一摞便笺纸中抽出一张，然后数到上面的第一个数字，接下来需要根据便笺纸上的第二个数字，从第一个数字接着往后数。

4. 教师可以举例示范一下活动过程。从便笺纸中抽取一张展示给儿童，让儿童说出第一个数字是几，然后利用彩色筹码在数轴上数出第一个数字。

5. 根据便笺纸上的第二个数字，从第一个数字开始接着数。教师需要为儿童做好示范。教师可以这样说："我们抽到的第一个数字是 5，现在我把筹码放在数字 5 上，第二个数字是 3，所以我要从 5 开始数 3 个数。"教师一边移动筹码一边大声数出数词："我要把筹码放在哪一个数字上呢？对啦，是数字 8。我们先有数字 5，然后往后数 3 个数，就得到了数字 8。我们把便笺纸翻过来，验证一下结果对不对。"然后向儿童展示便笺纸背面的数字。

6. 为了更好地支持活动的开展，教师可以和儿童一起玩几轮这个游戏，直到每个儿童都能灵活自如地单独或两两结对操作材料。

7. 当儿童能够独立玩这个游戏后，教师可以要求儿童轮流制作便笺纸，数出第一个数字，然后接着往下数，一直数到两个数字的和为止。

活动记录

通过轶事记录儿童在回应接数问题时数数的能力。

活动延伸

当儿童对数轴和接数有了丰富的经验后，可以鼓励儿童在自己的数学记录本上画数轴并设计自己的题目。

在小组活动时间，教师可以和儿童一起创建一些集合并比较它们，还可以向儿童提问——如果我们在一个集合中加上或拿走几个物体会发生什么？

相关儿童读物

Baker, Keith. 2004. *Quack and Count.* Orlando, FL: Voyager.

书中讲述了一天七只小鸭去冒险的故事，在书中它们会以各种各样的形式组合。

Giganti, Paul, Jr. 1992. *Each Orange Had 8 Slices: A Counting Book.* New York: Greenwillow.

书中有用充满活力的艺术作品制作的数学拼图，数学拼图中包含了日常生活物品，儿童可以一边听故事一边解决数学问题。

Sayre, April Pulley, and Jeff Sayre. 2006. *One is a snail, Ten is a Crab.* Cambridge, MA: Candlewick.

书中呈现了各种动物的脚，儿童可以探索数字集合到 100。

第4章 几何与空间

探索几何与空间是早期数学学习的重要组成部分。在日常生活中，儿童通过移动和操作物体建构对几何图形的理解。儿童在搭建积木或者操作数学材料（如七巧板）的过程中，在移动这些材料创作作品的过程中会反复多次地与这些几何图形打交道。在这一过程中，移动、旋转和翻转几何图形对于儿童形成空间感以及空间转换能力是很重要的。学前儿童在操作过程中探索形状、大小、位置、方向以及移动等数学概念。在空间感发展的过程中，儿童学着去比较和操作心理图像。年幼儿童在理解自己与环境中其他物体的空间关系中获得了空间意识。

在年幼儿童对形状进行探索，玩拼图游戏以及制作周围环境的地图时，逐渐发展起视觉－推理能力，与此同时他们也在探索几何图形的特征，同时建构起对二维和三维物体的理解。对几何与空间相关内容的学习有利于儿童计算能力的发展，同样有利于儿童在社会调查、语言、科学以及艺术方面的学习。比如，教师可以带全班儿童一起到熟悉的环境中去寻找图形——窗户是正方形的，停车标志是八角形的。基于这样的社会调查经验，儿童与他们周围的社会也建立了联系。同样，空间感的建立也有利于儿童发展出写生以及与同伴共舞时所需的视觉艺术能力和表演艺术能力。

教师在设计有关几何与空间的活动时，需要考虑以下全美数学教师协会提出的相关原则与标准。

几何

分析二维和三维几何图形的特点与性质，发展出有关几何关系的推理论证能力

从学前期到二年级，所有的学生都能够：

- 对二维和三维图形进行识别、命名、建构、描绘、比较以及分类。
- 描述二维和三维图形的特征和组成部分。
- 探索并预测二维和三维图形分解与组合的结果。

用几何坐标和其他表征系统定位和描述空间关系

从学前期到二年级，所有学生都能够：

- 描述、命名并解释空间中的相对位置，并能运用相对位置的概念。
- 在确定空间的方向与距离时描述、命名与解释，并应用方向与距离等概念。
- 根据简单关系（例如“附近”）和坐标系统（例如“地图”）来寻找和命名空间位置。

用转换和对称分析数学情境

从学前期到二年级，所有的学生都能够：

- 识别几何图形并进行移动、翻转和旋转。
- 识别和创造对称图形。

用视觉化、空间推理和几何模型解决问题

从学前期到二年级，所有的学生都能够：

- 应用空间记忆和空间视觉化来形成图形的几何形象。
- 从不同的角度来识别和表征图形。
- 把几何概念与数概念和测量概念联系起来。
- 识别环境中的几何图形和结构并给它们定位。

来源：美国《学校数学教育的原则与标准》(*Principles and Standards for School Mathematics*)

形状的特征

从婴幼儿时期开始，年幼儿童就在日常环境中感知大量的形状。窗户是正方形的，门是长方形的，碗是圆的，披萨切片有点像三角形……在儿童与环境互动的过程中，他们开始理解形状之间是如何组合的，以及组合的多种方式。有关形状的早期经验可以帮助儿童描述、分类、建构和重建他们所生活的世界。

二维图形

- 二维图形是平的，可以在纸上或其他平面上画出或打印出。
- 二维图形有两个维度：长度和宽度。
- 二维图形又被称作平面图形。
- 正方形是二维图形的典型例子，有 4 条长度相同的边和 4 个 90 度的角。

三维图形

- 三维图形是实心的或是中空的。

- 三维图形有三个维度：长度、宽度和高度。
- 正方体是三维图形的典型例子，由 6 个大小相同的正方形组成。

有助于理解的班级教学案例：寻找形状之旅

一组四岁儿童带着数码相机来到了操场上，他们要在操场上找到各种各样的形状并用数码相机拍下来。最近一段时间，这些孩子正在进行一系列有关形状特征的活动，今天的活动采取了外出寻找形状的形式。孩子们和摩根老师一起在熟悉的校园内慢慢地寻找各种形状，并用数码相机拍下来。他们一来到操场上就朝四面八方跑去，到处寻找圆形、正方形、长方形等。摩根老师在儿童之间快速地走来走去，观察他们找到的形状并提出问题："你怎么知道这是一个长方形？"儿童之间也在交流着他们找到的形状——常见的圆形以及不太常见的三角形。当儿童对在操场上寻找形状的兴趣减弱后，摩根老师会让他们在返回教室经过走廊时继续他们的形状寻找之旅。她提醒儿童一路上继续寻找形状并拍下照片，这样就可以将其作为儿童形状学习的记录。

反思

教师可以像摩根老师在“寻找形状之旅”这个活动中所做的一样，花一点时间提一些引导性的问题。提问可以帮助儿童拓展有关几何图形方面的经验并对其赋予意义。对几何形状（包括正方形、圆形、三角形、长方形、菱形、五边形、六边形以及八边形）的特征进行命名和识别，是一项重要且基础的技能，可以帮助儿童更好地理解各种形状的特征。伴随着摩根老师的提问以及围绕儿童找到形状展开的讨论，这次寻找形状之旅为儿童提供了开放式的探索以及向教师和同伴学习的机会。这样的学习经验有利于儿童批判性思维和观点分享能力的发展——这是对探究式学习和创造性思维而言至关重要的两项能力。

空间关系

当儿童有了丰富的识别和命名各种形状的经验后，他们就可以利用这些经验和知识建构自身对物体间关系的理解。在学习空间关系时，儿童其实是在探索物体相对于其他物体或他人的位置关系。对物体位置关系的探索可以帮助儿童发展空间视觉化的能力以及判断空间方位的技能。年幼儿童的空间能力有助于他们理解形状、大小以及不同物体的位置。空间方位指的是物体在空间中的位置，判断空间方位需要儿童使用和理解表示空间方位的词汇，如“在……上面”“在……下面”“外面”“里面”。空间视觉化的能力是指在头脑中产生、操作以及转换形状的能力，它包括问题解决和创造性技能。教师可以为儿童提供丰富的活动，引导他们探索家庭、学校以及操场等每日生活环境，这些经验可促进儿童刚刚萌生出的空间关系能力的发展。

有助于理解的班级教学案例：龙与方位词

一组 5 岁的儿童与罗伯特老师围坐在桌子边，一起进行一个融合了数学和语言的活动。罗伯特老师宣布，今天他们需要一起合作，使用一组特殊的数学词汇创编一个故事。她说："这组数学词汇叫作方位词。你们之前听过方位词吗？"几个孩子马上回应："听到过。"罗伯特老师请金伯利跟大家讲一讲她所理解的方位词。金伯利说："我知道方位就像是一个地方，就像排队时我们的位置。""太棒了，说得真对！"罗伯特老师回应道，"想一想我们排队时的情形。你的朋友可能站在你的后面。'后面'就是一个方位词。方位词可以帮助我们理解一个物体在空间中的位置。"

罗伯特老师向孩子们介绍了四个方位词——"在……上面""在……下面""向上""向下"，这组儿童今天需要使用这四个方位词合作创编一个故事。在讨论了这四个词的含义以及它们如何表示物体在空间中的位置之后，儿童开始使用这几个词合作创编故事。特文编出了故事的第一句，为整个小组的故事创编定下了基调。他说："一群人居住在山脚下，而在这座巨山的山顶上住着一条龙。"罗伯特老师认真地把特文的第一句故事记录在一张大纸上面并将其呈现在小组前面的桌子上。然后，其他儿童和罗伯特老师一起继续创编故事，对特文的故事情节进行丰富。"在山脚下的镇子里有很多高楼。"克莉丝汀想了很久，又在故事后面加了一句，"镇上的人从来不会到龙住的地方去，因为山实在太高了。"金伯利创编了故事的最后一句："当这条龙饿了时它就会下山，来到镇上。镇上的居民会给它留食物。"

罗伯特老师把故事读给孩子们听，他们很喜欢自己创编的故事。罗伯特老师接着说明："你们还有一个非常重要的任务——为创编的故事配一张图。"她提醒儿童在绘图时需要考虑到故事情节和他们所用到的方位词。孩子们一边探讨着故事中这条龙的探险，一边很快为这个故事画了配图。

反思

在罗伯特老师的教室里，有关方位词的空间方位教学与语言艺术以及视觉艺术完美地融合在了一起。儿童在小组活动中互相学习，并在他们的个人作品中展示了自己对方位词的理解。在这个真实的学习活动中，小组合作与个人作品的结合可以帮助教师更好地观察和记录儿童不同的理解水平。

语言和方位词

在早期教育的教室中，自然使用方位词的机会有很多。比如当儿童与同伴共同搭建积木时，当儿童理解了描述性的方位词后，就可以在与同伴共同搭建的过程中使用方位词，这样能使同伴之间的合作更加顺畅。

除了积木搭建活动，学前儿童可能还喜欢通过制作地图学习空间关系。当他们制作地图时，他们就有任务去思考把物体放置在地图的什么位置。制作地图时儿童需要描述方位，这样就进一步为他们提供了使用方位词的机会，而使用方位词是一个重要的数学内容。另外，制作地图还可以帮助儿童理解方向的概念。鼓励儿童把熟悉的、有日常互动的教室、操场以及其他地方用简单的图画出来，也可以帮助他们理解方位和方向，并为儿童提供了使用下列方位词的机会：在……上面、在……下面、向上、向下、在……顶端、在……底部、右、左、侧面、在……旁边、穿过、在……表面、超过、在……里面、在……外面。

对称和运动

年幼儿童在玩拼图和搭积木的过程中自然而然地会运用身体动作。仔细观察儿童在拼搭过程中对图形片的翻转、旋转和移动。当儿童通过身体动作探索时，他们也获得了对对称概念的理解。比如，在操作过程中，儿童知道一块正方形积木有四条相等的边，一张圆形的纸可以沿着对称轴对折，变成两个半圆。这种类型的探索活动有助于儿童理解物体的位置以及方向。

有助于理解的班级教学案例：对称游戏

格雷森的班级正在为午休做准备，孩子们有的在安静地游戏，有的在看书。格雷森邀请普拉特老师和他一起玩他最喜欢的图形游戏。他从艺术区拿来了玻璃宝石，把它们撒在地板上，然后宣布："我先来摆，你来猜我摆的是什么形状。"然后，他认真地把4颗玻璃宝石摆成了一颗钻石的形状。普拉特老师仔细地观察着，然后模仿他用自己的玻璃宝石摆出一个与之镜像的形状。"现在它看起来像是一颗钻石。"她说。格雷森接着在地板上摆，在原来钻石形状的基础上仔细地添加玻璃宝石。格雷森和普拉特老师挨着在地板上坐了一段时间，一起花时间比较两人摆出的形状是否一样。当两个人都对摆出的镜像图形很满意时，他们才把各自的玻璃宝石推到中间，堆成一堆。这次轮到普拉特老师先摆出一个新的形状，然后格雷森模仿并摆出镜像图形。

反思

格雷森和普拉特老师一起，摆了两个独立却镜像的图形。作为几何学习的重要组成部分，空间视觉化是一种重要的能力，它指的是儿童能够进行图形转换的能力，包括使图形对称、翻转或旋转图形。如果一个图形能够分成两个完全相同的部分，那么它就是对称图形。同样，如果将一个图形沿着一条线翻转就能形成一个与之镜像的图形，那它也是对称图形。如果一个图形围绕着一个点旋转360度后会回到原来的位置，它也是对称图形。格雷森和普拉特老师进行的这个对称活动看似简单，却非常有利于儿童建立对线与形状基础的理解，而这些对于他们理解对称这一概念很重要。由于这些材料没有规定或暗示只能摆出哪些形状或形象，投放开放式的松散材料可以帮助格雷森根据记忆摆出各种形状。这种开放式的探索和活动设计是创造性学习活动的重要特征。

将几何融入活动的小贴士

几何和空间的学习可以渗透到很多学习领域当中，我们可以通过高结构的或低结构的活动，帮助儿童发展创造性思维和探究技能。在本章我们提供了一系列活动方案，有很多活动内容都融合了几何、社会调查、语言和视觉艺术。运用跨领域融合的方法设计数学活动，可以帮助教师用多种方法发展多领域交叉融合的技能、概念和态度。比如，教师可以要求儿童画一张家里卧室的地图，这个活动既可以帮助儿童理解空间方位和方向的概念，又可以作为家园联系的一个桥梁，同时也是一个良好的社会调查经历。

用于引发探究与探索活动的提问

- 你怎么知道这是三角形?
- 那个形状和这个形状一样吗?它们哪里一样呢?它们哪里不一样呢?
- 你可以用这些形状组合出一个什么形状来?
- 你之前见过这样的形状吗?在哪里看到的?
- 你的形状会滚动吗?能弹起来吗?能放在其他形状上面吗?
- 怎么才能把这个正方形变成三角形?怎么才能把圆形变成椭圆形?
- 你可以怎样用剪刀把这个正方形剪成三角形?你需要把哪些部分剪掉?

活动方案

重组图形

创造性技能

- 探索
- 视觉化

活动主题

认识圆形、三角形、长方形和正方形。

活动目标

- 能够画出圆形、三角形、长方形和正方形。
- 能够命名圆形、三角形、长方形和正方形。

活动材料

沙子或剃须膏,人手一个托盘,用彩色手工纸或卡纸做的大小不一的圆形、三角形、长方形和正方形纸片,数码相机(可选)。

活动概况

沙子和剃须膏是教室中常见的材料，这个活动正是利用这两种儿童熟悉的材料开展对图形的探索活动，儿童可以用自己的手指画出圆形、三角形、长方形和正方形。教师需要注意的是，儿童在活动之前和活动过程中更愿意随意地操作沙子或者剃须膏，这是儿童探索的重要组成部分，也是适宜儿童学习的方式。

活动过程

1. 活动开始前为每个儿童准备一个托盘，里面放好沙子或者剃须膏。

2. 向儿童展示用手工纸做出的图形，鼓励儿童尽可能去给这些图形命名，依次介绍每个图形的名字以及特征。

3. 把图形样本放在儿童能看得见的桌子上，告诉他们需要对照桌子上的图形在托盘的沙子上或剃须膏上画出自己的图形。

4. 请儿童用手指画出他们的图形，鼓励儿童与旁边的同伴说一说自己画出的图形是什么。

5. 在儿童操作材料的过程中，教师可以提出适宜的问题并与他们一起画图形。教师可以通过提问来支持儿童的探究，例如：能否画出特定的图形？某个图形是什么图形？如何知道这就是某个图形？鼓励、提醒儿童为自己画出的图形命名。

6. 教师需要注意，儿童不需要只专注于画图形。画出其他符号对于儿童的想象力以及精细动作的发展也是有利的。

活动记录

通过轶事记录儿童画图形以及识别图形的能力，包括圆形、三角形、长方形和正方形。教师也可以将儿童在托盘中画的图形拍下来，使其成为一种记录方式。

活动延伸

鼓励儿童在纸上画出图形，并使用正确的词汇为画出的图形命名。

猜形状

活动主题

识别、描述圆形、椭圆形、三角形、长方形、正方形和六边形的基本特征。

活动目标

- 能够描述图形之间的相同点与不同点。
- 能够识别、命名基本的二维图形，如圆形、椭圆形、三角形、长方形、正方形和六边形。

创造性技能

- 合作
- 交流
- 探索
- 独特的问题解决能力
- 视觉化

活动材料

用彩色手工纸或卡纸做的大小不一的圆形、椭圆形、三角形、长方形、正方形和六边形纸片，用来装图形的袋子。

活动概况

教师可以在全班集体活动中向儿童介绍这个猜图形的游戏，当儿童理解了这个游戏的目标之后，就可以通过小组的方式开展了。

活动过程

1. 介绍那些还没有和儿童一起讨论过的图形。确保每个图形都有相应的实物，将它们放置在桌子上以确保儿童可以看到这些实物。带儿童一起回顾这些图形的名称和基本特征，在集体活动的时候回顾这些信息有助于唤起儿童的记忆，而不需要让他们独自回想。

2. 向儿童说明，教师会把这个装着图形的袋子一个一个往下传，每个儿童要从袋子里抽出一张图形片，保证藏起来不要让小组中的其他人看到。其他人一个一个地提出问题，通过儿童的回答猜出他（她）藏起来的图形是什么。

3. 在儿童开始前提出一两个问题为他们做示范。比如：这个图形有几个角？这个图形是圆的吗？这个图形有四条一样长的边吗？这个图形有四条不一样长的边吗？

4. 猜对图形的儿童接着从袋子里抽出一张图形片，下一轮提问开始。

5. 把儿童猜对的图形片从袋子里拿出来放在一边，这样儿童就只需要关注袋子里那些新图形。

活动记录

通过轶事记录儿童识别不同二维图形的能力以及用语言描述图形特征的能力。

活动延伸

当儿童对二维图形有了丰富的经验后，可以在游戏中增加三维立体形体以增加游戏的复杂性并拓展儿童学习的深度。鼓励儿童用自己的身体合作摆出一些简单的图形。

三维图形表征

活动主题

认识三维立体形体，包括正方体、棱柱体、圆柱体、三棱锥、球体以及圆锥体。

创造性技能

- 探索
- 独特的问题解决能力
- 视觉化

活动目标

- 能够描述三维几何形体的相同点和不同点。
- 能够识别、命名正方体、棱柱体、圆柱体、三棱锥、球体以及圆锥体。

活动材料

各种小型、中型的三维立体积木，可用于塑形的黏土或橡皮泥。

活动概况

橡皮泥和黏土是艺术创造活动中常用的材料，这个活动正是利用这两种儿童熟悉的材料引入下列几种三维几何体——正方体、棱柱体、圆柱体、棱锥体、球体以及圆锥体。教师需要注意的是，儿童在活动之前和活动过程中更愿意随意操作橡皮泥或者黏土，这是儿童探索的重要组成部分，这种方法也是适宜的。

活动过程

1. 通过展示各种形状的积木向儿童介绍每种三维几何体，要求儿童尽可能对这些几何体进行命名，与儿童一起讨论这些几何体的名称以及特征。

2. 把各种形状的积木放在儿童能看得见的桌子上。

3. 请儿童用橡皮泥或黏土制作一些三维几何体，鼓励儿童为自己创造出来的或者看到的几何体命名。

4. 当儿童使用材料塑造几何体的时候，教师可以提出问题并和他们一起操作材料。教师可以提出下列问题：你可以用两只手搓黏土，把黏土搓成一个球吗？这是什么形状？你怎么知道这是一个正方体？我做的这个圆锥体像不像生日帽？

5. 教师需要注意，儿童不需要只专注于几何体制作，允许儿童对这些材料的特性进行探索，这对于儿童创造力、想象力以及精细动作的发展也是有利的。

活动记录

通过轶事记录儿童识别各种三维几何体、描述几何体特征的能力。

活动延伸

儿童对三维几何体有了丰富的经验后，鼓励他们以各种几何体为基础去想象和创造不同的物体。比如，正方体可以变成一个房子的基座，圆柱体变成一只狗的身体。为儿童提供更多利用几何体进行创造的机会。

二维平面图形和三维几何体的转换

活动主题

认识到二维平面图形是构成三维立体图形的基础。

创造性技能

- 探索
- 独特的问题解决能力
- 视觉化

活动目标

- 能够认识并命名三角形、长方形、正方形、六边形这样的二维平面图形。
- 能够认识并命名正方体、棱柱体、三棱锥。
- 能够认识到二维图形构成了三维几何体的面。

活动材料

各种小型和中型的三维立体积木，用于塑形的橡皮泥，牙签，数码相机（可选）。

活动概况

在这个活动中，儿童需要先用牙签和黏土做二维图形，然后每个儿童在自己做出的二维图形基础上继续增添牙签和黏土，把二维图形变成三维几何体。正方形构成了正方体以及正四棱锥的底面。三角形构成了三棱锥的侧面以及三棱柱的两个底面。长方形构成了三棱柱的侧面。为了理解二维图形和三维几何体之间的关系，儿童需要多步骤的操作与尝试，所以教师最好与一组 3 ~ 4 个儿童一起来操作材料，为他们提供支持和鼓励。

活动过程

1. 在儿童活动的过程中，教师需要为他们提供支持，可以向他们解释下列与三维几何体相关的概念。

- 底座构成了三维几何体的底面并对整个几何体起着支撑作用。
- 面是几何体中平滑的部分。
- 边是两个面相交的那条线。
- 顶点是两条或多条边交汇在一起的那个点。

2. 鼓励儿童先做 15 ~ 20 个小黏土球（直径大约 2 厘米）。为了确保安全，儿童做出的球不能太小以防止窒息。每个儿童都需要做足够多的黏土球才能做出多个三维几何体。黏土球需要用牙签连接在一起，这样才能做成三维几何体。比如，儿童要做出一个正方形需要 4 根牙签，还需要 4 个黏土球来构成顶点，如果用正方形做正方体，儿童总共需要 12 根牙签和 8 个黏土球。

3. 请每个儿童选择一个三维几何体去做。选定了三维几何体后，问儿童哪个二维平面图看起来像是三维几何体的一部分，鼓励儿童使用三维立体积木来帮助他们思考。

4. 当儿童选定了三维几何体后，就需要开始先制作二维图形。儿童在二维图形上继续增添牙签和黏土球的时候，可能需要教师帮忙扶好儿童做的二维平面，直到侧面能够支撑所添加材料的重量。

活动记录

教师可以把儿童做好的三维几何体晾干，并把这个作品作为儿童学习的记录。教师也可以把作品拍照，将照片作为一种记录方式。通过轶事记录儿童是否认识到二维图形构成了三维几何体的面。

活动延伸

这个活动可以用儿童两两结对的形式进行，这可以为儿童增加问题解决和合作的机会。

三维搭建：你的房子长什么样？

活动主题

在计划和使用三维立体积木搭建造型的过程中学习合作。

创造性技能
● 合作
● 交流
● 独特的问题解决能力
● 有策略的规划
● 视觉化

活动目标

- 能够命名并讨论一系列图形，指出图形间的相同点和不同点。
- 能够使用各种形状的积木合作搭建一所房子。

活动材料

各种小型、中型的三维立体积木，带夹子的写字板，铅笔，数码相机，自制的关于空间感和三维几何体的词汇和检核指标。

活动概况

在使用形状积木计划并搭建一座房子的过程中，儿童有机会两两合作。这个活动可以支持儿童合作制定计划、解决问题，并为儿童练习使用与图形有关的词汇提供了机会。

活动过程

1. 在活动之前，教师需要制定一张表格，观察儿童使用三维几何体相关词汇情况以及空间感的发展状况。制定表格时，教师要考虑儿童在搭建房子过程中可能会涉及哪些类型的三维几何体。空间感发展的指标涉及儿童使用各种图形搭建房子的能力。空间方位词也应该是检核表的组成部分。教师可以参考下表，如果需要也可以引用这张表。

空间视觉化检核表举例

方位词		三维几何体	备注
在……上 在……下 向上 向下 在……顶端 在……底部 右边 左边	侧面 在……旁边 穿过 在……表面上 在……正上方 在……正下方 在……里面 在……外面	圆柱体  正方体（立方体） 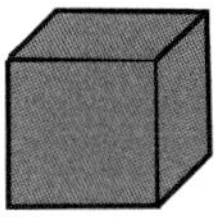	儿童是否尝试翻转、旋转或移动物体？ 在搭建房子的过程中，儿童操作图形的流畅程度如何？

2. 在班级集体环境中呈现大量的三维立体积木。要求每个儿童从积木中选一块，然后跟大家讲一讲自己对于这块积木的形状有哪些了解。花一点时间复习巩固以下和三维几何体相关的词汇——正方体、棱柱体、圆柱体、三棱锥、球体、圆锥体，以及其他相关词汇。

3. 向儿童说明他们需要两两合作，用这些积木搭建一座房子。

4. 为每对儿童提供一个带夹写字板和一支铅笔，要求儿童在用积木搭建房子之前先画出设计图。

5. 在儿童做计划和搭建房子的过程中，记录儿童对图形词汇的使用状况以及合作的能力。

6. 为每对儿童提供各种形状的积木，要求儿童搭出自己的房子。想要儿童搭出的房子结构复杂，最好提供大量的、各种形状的积木。至少要为每对儿童提供 20 块积木。大部分三维立体积木套装里面都有正方体、圆柱体、球体、圆锥体、三棱柱以及三棱锥。

7. 鼓励儿童用尽可能多的积木去搭建房子。有一点可以反复强调——为了使搭出来的房子更稳固，他们可以反复地拆开再组装。每对儿童都完成了自己的房子后，教师可以就房子搭建过程中使用的几何体问他们一些问题

（问题可以来自上述表格），并要求儿童描述一下形状之间的相同点和不同点。鼓励儿童说一说为什么在搭建房子的过程中会用到某些特定的积木。

8. 为儿童与他们搭建的房子拍照。照片除了可以作为成长档案中的活动记录之外，教师可以在将来要求儿童在这次活动所搭建筑的基础上继续搭建新的建筑物，那么这些照片就可以继续使用了。

活动记录

通过轶事记录儿童合作、制定计划、选择策略以及问题解决的能力。为每对儿童准备一张检核表，描述他们使用有关三维几何体词汇的能力以及空间感的发展状况。将儿童的作品拍照，保存在他们的成长档案当中。

活动延伸

这个两两合作的游戏还有另一种玩法。先创设一个空间，把两个儿童用一张桌子或者类似的东西隔开。一个儿童作为指挥者，负责告诉另一个儿童需要拿什么形状的积木，以及这块积木该放在哪里。另一个儿童负责倾听指令并按照指令搭建房子。结束后把他们中间的桌子移开，比较两个儿童搭出的积木造型是不是相同的。这种玩法要求儿童在活动过程中用数学语言去描述、交流自己的动作和意图。

教师还可以组织全班儿童共同参与活动，即每个儿童轮流摆放积木，共同搭建一个建筑物。在搭建过程中，要求儿童描述他们所选择积木的形状以及与建筑中其他积木的位置关系。通过这个活动，教师还可以帮助儿童巩固对数学词汇的理解，比如“正方体”“圆柱体”“在……附近”“在……旁边”。

绘制学校地图

创造性技能

- 合作
- 交流
- 探索
- 问题解决
- 记录
- 视觉化

活动主题

将绘制学校地图作为一种帮助儿童理解空间关系并使用方位词的方法。

活动目标

- 能够制作学校或者教室的地图。
- 能够在探索、计划、绘制地图的过程中使用各种方位词。

活动材料

带夹子的写字板，素描纸，铅笔，大张的画纸，彩色铅笔，细头马克笔，自制的有关空间关系与方位词的检核表。

活动概况

在这个活动中儿童需要单独完成任务。另外，儿童需要使用方位词去描述他们的地图中所出现事物的具体位置，这对于提高儿童的空间感以及使用方位词的能力是很好的机会。

活动过程

1. 在活动前教师需要制定一张检核表，里面包含用于描述儿童空间方位能力发展的具体指标。教师可以参考下表，如果需要也可以引用这张表。

空间方位检核表样本

方位词		备注
在……上 在……下 向上 向下 在……顶端 在……底部 右边 左边	侧面 在……旁边 穿过 在……表面上 在……正上方 在……正下方 在……里面 在……外面	儿童是否会特意探索地图中某物体或某景点的位置? 儿童是如何探索物体之间或两个地点之间的位置关系（比如点与点之间的距离）? 真实的环境与儿童绘制的地图之间联系有多大?

2. 与儿童一起针对地图展开讨论，问一问儿童以前是否见过或使用过地图。教师可以提出下列问题：地图是如何使用的？地图可以帮助我们做什么？地图上面有什么？

3. 向儿童展示一张地图，一边指一边说明地图是如何表示某个地点或者重要地方的位置的。示范时要注意使用方位词描述地图上两物体之间的位置关系，如“在……附近”“挨着”“在……上”“在……下”“在……正下方”“在……正上方”“在……顶端”“在……底部”“靠近”“远离”。向儿童说明每个人都需要制作一张学校或者班级的地图。他们需要想一想在地图中要画出哪些景点或者物体的位置。

4. 为每个儿童提供一支铅笔，带夹子的写字板以及素描纸。在制作地图的过程中，儿童需要在学校或教室里一边走一边探索，鼓励儿童在这个过程中使用写字板和素描纸来记录自己看到了什么。他们可以在素描纸上画出地图的草稿并标注一些重要的地方。需要向儿童强调，每个人都要制作自己的地图，在这次活动的后半段，儿童回到教室后还要对自己画出的草图进行修订与完善。

5. 儿童回到教室后，要求他们用彩色铅笔和细头的马克笔把草图誊到大张的画纸上去，并在誊的过程中对草图进行修订和完善。

6. 在整个过程中，教师需要参考自己设计的检核表，观察儿童关注方位并使用方位词的情况。

活动记录

通过轶事记录儿童合作、问题解决以及将所见视觉化能力。为每个儿童填一张检核表，注明儿童识别空间关系以及使用方位词的能力。把儿童制作的地图保存到他们的成长档案当中。

活动延伸

写一张关于本次活动的详细说明，请儿童带回家。要求儿童在家长的帮助下制作一张某个房间或整个家的地图。向家长解释清楚，儿童能通过制作家庭地图学到什么。教师可以请儿童把在学校制作的地图带回家，以帮助父母或其他养育者深入理解这个活动。教师一定要给予家长或其他养育者足够多的关注和时间，以便他们能和孩子一起制作地图。

绘制我们的散步地图

活动主题

空间关系、语言和方位词。

活动目标

- 能够制作简单的社区路径地图。
- 在探索、计划以及绘制地图时使用大量方位词。

活动材料

带夹子的写字板，素描纸，铅笔，自制的有关空间关系和方位词的检核表（可以从活动《绘制学校地图》所使用的表格里选）。

创造性技能

- 合作
- 交流
- 记录
- 探索
- 问题解决
- 视觉化

活动概况

这次活动是活动《绘制学校地图》的延伸，儿童可以通过本次活动回顾地图的作用并在外出活动中继续练习制作地图。

活动过程

1. 请儿童回答关于上次活动《绘制学校地图》他们还记得哪些内容。请儿童观察上次活动中制作的地图会有助于他们回忆起相关内容。作为复习的内容，教师需要指出地图是如何展示重要的地方以及景点位置的。

2. 向儿童说明，今天这次活动教师将带着他们到幼儿园所在的街区或社区走一走。鼓励儿童思考如何通过这张地图向自己的父母或其他养育者解释今天散步时去了哪里。

3. 要求儿童用写字板、素描纸、铅笔做好记录。在校外散步的过程中要经常停一停，给儿童时间把重要的地方或物体画下来。停下来时，可向儿童提出下列问题：你看到了什么？你看到了什么重要的、想要画进地图的物体吗？

4. 回到教室后，请每个儿童讲一讲他的地图上有哪些重要的地方或物体。针对儿童绘制地图上的不同之处进行讨论，鼓励儿童使用方位词。

5. 在整个活动过程中，教师需要参考自己设计的检核表来观察儿童关注方位特征与使用方位词的情况。

活动记录

通过轶事记录儿童合作、问题解决以及视觉化的能力。为全班儿童填一张检核表，尽可能注明每个儿童对空间关系的理解以及正确使用方位词的情况。允许儿童把地图带回家但要提醒他们最后要将地图带回学校，并将其放入儿童的成长档案中。

活动延伸

请儿童把地图带回家，鼓励家长或其他养育者与儿童讨论在地图上看到了什么，在校外散步的时候看到了什么。要求家长利用这张地图开展与儿童的谈话。

在全班活动时间，教师可以和儿童玩方位词游戏。教师走到某个儿童面前，要求他说出一个人的名字并描述他的位置，这个人可以是紧挨着他的，可是坐在他附近的，可以是坐在他右边或者左边的，可以是坐在他前边或者后边的。

相关儿童读物

Hoban, Tan. 1996. *Shapes, Shapes, Shapes.* New York: Greenwillow Books.

儿童会很喜欢在书中漂亮的图片中寻找各种图形。

MacDonald, Suse. 2009. *Shape by Shape.* New York: Little Simon.

这是一本非常漂亮的书，它有着明快的颜色以及模切页。每翻动一页，就会有相似的图形合拢到一起形成一个儿童熟悉的物体。

Thong, Roseanne. *Round Is a Mooncake: A Book of Shapes.* San Francisco: Chronicle.

这是一本充满生机的艺术作品，书中大量运用中国传统的颜色和图案模式，引导读者在中国文化物品中去寻找、探秘图形。

第5章
测量

在日常活动中，学前儿童会自发地对物体进行比较。吃点心的时候，非常年幼的儿童会仔细检查、比较同伴之间掉下来的饼干渣，这表明他们有能力在物体之间做比较。比较是儿童测量能力发展的起点。在学前阶段，每个儿童都应该有定期的机会来进行比较，并在这些与测量相关的活动中运用标准的以及非标准的测量工具。

在非正式的活动以及预设的活动中，我们可以通过测量来观察、记录有关物体或人的长度、高度、重量或深度等相关信息。在运用尺子、秤等标准化的工具测量物体之前，运用非标准测量工具测量物体的经验有助于年幼儿童理解测量活动的特点。年幼儿童使用非标准化测量工具的经验为他们使用标准测量工具探索和比较物体的量打下了基础，比如使用一段线绳去测量植物的高度。当年幼儿童有了大量的非标准测量（即自然测量）、比较的经验之后，教师就可以向儿童介绍标准化的测量工具以拓展他们对测量的理解。

教师在计划与测量相关的学习活动时，需要考虑全美数学教师协会提出的与测量相关的原则与标准。

测量

理解物体可测量的属性、测量单位、测量系统以及过程

从学前期至二年级，所有的学生都能够：

- 认识物体的长度、容积、重量、面积以及时间等量的属性。
- 根据以上属性对物体进行比较和排序。
- 理解如何运用标准和非标准测量工具进行测量。
- 选择一个合适的测量单位和工具对物体的某一属性进行测量。

应用合适的技巧、工具和公式进行测量

从学前期到二年级，所有的学生都能够：

- 使用多个相同的测量单位（如使用多个曲别针首尾相连）进行测量。
- 重复使用某个测量单位去测量一个比测量单位大的物体，例如用米尺来测量房间的长度。
- 使用测量工具去测量。
- 发展出运用常见测量参照物进行比较与估计的能力。

来源：美国《学校数学教育的原则与标准》(*Principles and Standards for School Mathematics*）

测量的过程

下面列举了一些探索活动，可以帮助儿童发展测量技能。

识别物体的属性——儿童能够识别物体可以测量的属性。

直接比较——儿童在两个或多个物体之间进行比较，找出相似点和不同点。比如，把两个或多个物体并列摆放，请儿童比较。儿童可以把两辆小汽车并列摆放以比较哪个更大，也可以背靠背站好去比较谁更高，或者把细马克笔和粗马克笔放在一起，探索哪支笔会画出更粗的线。

间接比较——当两个或多个物体不能并列摆放进行比较时，儿童能够找方法比较他们之间的异同。儿童的日常生活中有大量间接比较的机会。比如可以用一段线绳去测量操场上两棵大树的周长，以比较两棵树中哪棵更粗、哪棵更细。

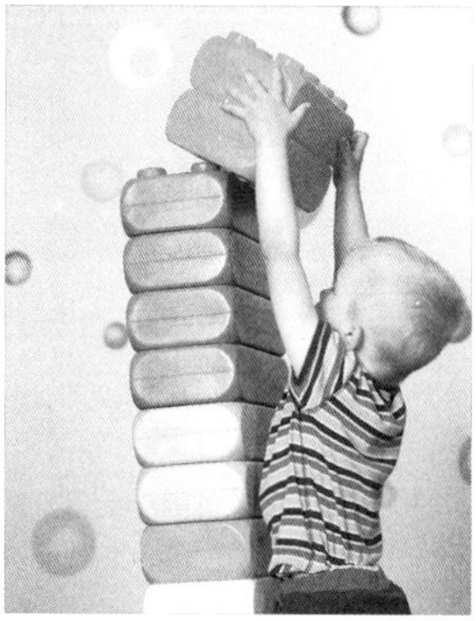

使用非标准化工具进行测量——非标准化测量，即自然测量，包括通过使用日常物体测量来获取测量数据。年幼儿童可以将蜡笔作为测量工具进行测量，他们可以把蜡笔首尾相接去测量教室中玩具的长度，每支蜡笔都是测量单位，测量后发现教室中的玩具消防车有 6 个单位那么长。

有助于理解的班级教学案例：记录与测量

一组学生围坐在桌旁，带着从有关植物的长期科学探索活动中搜集来的样品。今天，奈特老师要准备为班级正在开展的项目活动做一个记录板，这个小组要帮助奈特老师制定计划。奈特老师请格里芬和萨拉算一算，记录板上半部分可以贴多少张照片。她鼓励格里芬用线绳测量的方式来解决这一总的数量问题。教师给格里芬提供的线绳长度和他们要贴到记录板上的照片的长度相同。格里芬认真地把线绳的一端与记录板的左上角对齐。在格里芬操作的过程中，他每在记录板上加贴一根线绳，萨拉就在记录纸上画一个标记。最后这两个孩子算出记录板上的绳子一共有9根，这也是这组儿童最后得到的数字。萨拉和格里芬跟奈特老师分享了这个数字，奈特老师请他们从照片中选出9张贴到记录板上。

反思

在儿童完成这个任务的过程中，格里芬和萨拉通过非标准化测量的方式确定了要在记录板上贴出照片的理想数量。奈特老师通过为他们提供支持性的材料（线绳、记录纸、铅笔）来为儿童设置鹰架，支持儿童成功且独立地对记录板的长度进行测量。当儿童面对复杂任务时，比如在这个测量活动中，教师让儿童两两结对，这种方式也为儿童提供了支持。早期测量经验应该包括以下内容：儿童细致观察物体、比较物体的属性以及运用非标准化工具进行测量的机会。

将测量融入活动的小贴士

儿童可以用于测量的材料有很多，教师可以通过开放的、探索式的方式向儿童介绍测量材料。数学区是提供测量材料的好地方，在这个区域里游戏时，儿童可以自由地探索和操作材料，从而逐渐熟悉这些材料。教师介绍标准化测量工具时，比如秤、量杯、量勺、尺子等，可以先鼓励儿童对这些材料进行探索并支持儿童的探索，这样可以帮助儿童得心应手地使用这些测量工具。教师要注意，儿童使用测量工具的经验应该与儿童个人的生活经历相关，这样对儿童才是有意义的。比如，儿童可以使用量杯和量勺为自己做喜欢吃的小点心或饮品。

用于引发探究和探索活动的提问

- 你搭的塔有多高？
- 这些东西哪个更长？你是怎么知道的？
- 想要判断这些东西中哪个更重，我需要做什么？
- 要测量你的积木小路有多长需要多少筹码？
- 这些东西哪个更大、哪个更小、哪个更重、哪个更轻？你为什么这么认为？
- 我们需要两杯面粉，哪个工具可以帮我们量出两杯面粉？

活动方案

大与小：户外寻宝

活动主题

长度比较。

活动目标

能够识别和比较自然物的长度。

创造性技能

- 探索
- 记录
- 视觉化

活动材料

带夹子的写字板、纸、铅笔、彩色铅笔、蜡笔、马克笔或水粉颜料。

活动概况

在这次导入性质的活动中，儿童需要观察一组自然物大小方面的特征，并用纸笔记录他们的观察结果。学校建筑外有大量可用的自然资源，教师可以请儿童在操场上找一些自然物，或者带着儿童到大自然走一走并收集一些自然物。

活动过程

1. 请儿童到教室外找一些大小各异的自然物。他们可以找大块的石头、小块的石头，也可以找大片的树叶、小片的树叶。

2. 为每个儿童提供一支铅笔、一个带夹子的写字板和一张素描纸。要求儿童把找到物品的大小记录在纸上。儿童可以根据自己的喜好选择把物体画出来或者沿轮廓临摹下来。

3. 与儿童一起讨论他们找到的物体，鼓励儿童找到更多物品并进行比较。教师可以提出下列问题：你怎么知道哪一片树叶更大？你为什么觉得这片树叶更小？这些指导性的探究问题既可以为儿童的深入思考提供支持，也为教师评估儿童的理解提供了机会。

4. 回到教室后，教师可以鼓励儿童用彩色铅笔、蜡笔、马克笔或者水粉颜料继续表征他们从自然界中找到的大的和小的物体。

活动记录

通过轶事记录儿童探索物体大小特征的能力，可以将儿童在比较物体大小过程中产生的作品放到儿童的成长档案中。

活动延伸

鼓励儿童对物体的其他特征，如宽和窄、长和短等进行比较。

和我一样高的塔

活动主题

长度比较。

创造性技能

- 探索
- 问题解决
- 视觉化

活动目标

能够用积木搭出和他们一样高的塔。

活动材料

各种大小的积木，镜子，数码相机（可选）。

活动概况

儿童需要搭出和他们一样高的塔。儿童可以两两结对或小组合作搭建，这样他们就会有充足的材料并且能够互相帮助，活动才能达到最好的效果。

活动过程

1. 教师可以通过集体讨论预估物体高度的方式来开启这次活动。一开始可以问一问儿童他们之前是否搭建过和他们一样高的塔。请他们预估一下，如果要搭一座和老师一样高的塔，需要多少块积木？还可以以班级儿童的身高举例提出一些问题，比如：如果搭一座和凯拉或迪安一样高的塔，又需要多少积木？

2. 将儿童两两结对或者分成小组，请他们找一个足够大的地方开始建塔。

3. 鼓励儿童先思考塔的底座的大小，这样等他们往底座上搭积木的时候，塔的底座就能支撑住塔身了。

4. 教师需要每隔一段时间就要求儿童数一数目前他们用了多少块积木，并估计接下来还需要多少块积木。请儿童站在搭好的塔旁边，老师拿着镜子帮助他们观察自己搭出的塔是否已经接近自己的身高了。

5. 儿童完成搭建后，如果有需要可以拍一张儿童站在塔旁边的照片。

活动记录

通过轶事记录儿童预估他们所搭建塔的相对高度的能力。教师也可以把儿童与所搭塔的合影作为记录。

活动延伸

鼓励儿童搭一座比他们矮或者比他们高的塔。

比较非标准化测量（自然测量）的结果

创造性技能

- 探索
- 记录
- 视觉化

活动主题

通过非标准化测量的方式估计物体的长度。

活动目标

- 能够通过非标准化测量的方式估计物体的长度。
- 能够对各种非标准化测量得到的结果进行比较。

活动材料

各种用于非标准化测量的工具，包括立方体、彩色筹码、多米诺骨牌以及美工小棒，5 ~ 7 种大小不一的常见物体（作为测量对象），数学记录本、铅笔。

活动概况

儿童两两结对，使用各种非标准化测量工具对教室中的各种物体进行测量。每对儿童使用不同的测量工具。测量活动结束之后，鼓励儿童针对测量结果的不同展开讨论。

活动过程

1. 在活动之前，教师把常见的各种大小的物品分散放置于教室内，这样儿童就会有足够大的空间对其进行测量。

2. 教师可以在集体活动中用彩色筹码测量儿童脚掌的长度，通过这种活动向儿童介绍非标准化测量的主题。教师可以在活动中提出下列问题：你觉得需要用多少个彩色筹码才能测量你的脚的长度？如果量约翰的脚需要 11 个彩色筹码，那么量你的脚需要多少个呢？为什么？

3. 当儿童理解了非标准化测量的过程后，可以让他们两两结对。为每对儿童提供不同的工具，请他们在教室里巡视并选择教师放在教室里的物体进行测量。

4. 鼓励儿童将使用彩色筹码（或其他工具）对各种物体进行测量得到的结果记录在数学记录本之中。

5. 当所有儿童完成测量活动后，请他们集中并分享他们的测量结果。请儿童谈一谈在测量每个物体时他们用了多少种工具。教师可以提出下列问题：我们是需要更多的立方块还是更多的美工小棒来测量这本书？为什么美工小棒的数量更少？在讨论过程中，教师需要把儿童使用的测量工具和测量对象都呈现在他们面前，这样每个儿童在讨论时头脑中都立即会有视觉化的呈现。

活动记录

通过轶事记录儿童使用非标准化工具进行测量并比较测量结果的能力。回顾儿童数学记录本中的记录。

活动延伸

当儿童有了足够的非标准化测量经验之后，可以把更多的有关测量工具的选择引入活动之中。请儿童自主选择测量工具与测量对象。儿童在数学记录本中的记录对于记录儿童探索过程非常重要。

一样重吗?

活动主题

估计小物体的重量。

创造性技能

- 探索
- 问题解决
- 视觉化

活动目标

- 能够估计教室中常见小物品重量的相同和不同。
- 能够通过天平验证自己的猜想。

活动材料

天平、用作测量对象的教室中的小物品、数学记录本。

活动概况

在这个活动中，儿童可以对不同的物体进行比较并估计它们的相对重量，然后使用天平去验证自己的猜想。这个活动可以培养儿童的创造性思维，并提高儿童预估重量的能力。

活动过程

1. 通过集体活动向儿童介绍天平并展示天平的用法。讨论一下天平怎么呈现两个物体谁轻谁重。提供两个相同的物体，请儿童讨论它们是一样重还是其中一个更重一些。根据儿童的反应，进一步询问儿童判断的理由以助他们厘清自己的想法。

2. 提供两个不同的物体，先请儿童估计它们的重量，然后使用天平验证自己的猜想。

3. 告诉儿童教师会把天平放在数学区，这样儿童就能继续预估不同物体的重量，并使用天平验证自己的猜想。

4. 请儿童在数学记录本中画出测量的对象。教师可以在数学记录本的页面上画（或者帮助儿童画）一张表格，表格的顶端写着“重的”和“轻的”两列。儿童可以在这两列中选择合适的一列画出他们测量的物体，或者写下物体的名称。如果两个物体是一样重，那么可以请儿童就该如何在数学记录本中表征相同重量的物体进行头脑风暴。

5. 儿童在数学区使用天平时，教师可以问问他们的猜想是什么，验证的结果是什么。这样可以帮助儿童发展批判性思考的能力并加深他们对测量的理解。

活动记录

通过轶事记录儿童使用标准化工具测量和比较重量的能力，回顾儿童数学记录本中的绘图，将其作为儿童学习的主要记录之一。

活动延伸

当儿童有了足够多的标准化测量经验之后，可以为儿童引入更多的测量经验。鼓励儿童自主选择测量工具，如尺子、量杯和量勺、电子秤或天平，并自主决定要去测量什么。要求儿童在数学记录本中记录他们的探索过程及结果。

测量：玉米淀粉手指画

创造性技能

- 探索
- 问题解决

活动主题

学习使用烹饪活动中常用的测量工具，如量杯和量勺。

活动目标

能够帮助教师量出一定重量的用于烹饪的干湿材料，并用玉米淀粉创作各种颜色的手指画。

活动材料

量杯和量勺、大碗、2 ~ 4 个小碗、搅拌勺、1/2 杯玉米淀粉、2 杯水、各种颜色的液体食用色素、大张铜版纸。

活动概况

在这个活动中，儿童需要测量、混合手指画原料并用其绘画。教师若能和一组 3 ~ 4 个儿童一起测量和操作，这样活动就能取得更好的效果。

活动过程

1. 在小组活动中，教师请儿童观察量杯和量勺。针对测量工具的尺寸向儿童提问，比如：在传递工具的过程中发现了什么？哪个量杯或者量勺最大？哪个最小？与儿童讨论可以怎样运用这些工具量出用于调制手指画材料的原料。

2. 与儿童一起测量干淀粉和水，将其调制成手指画的材料。

3. 把没加入色素的原料分装在至少两个碗里，请儿童自主选择食用色素加入碗里，让每个碗中有不同颜色的手指画材料。

4. 为儿童提供铜版纸，用于创造手指画。

活动记录

通过轶事记录儿童使用标准化工具进行测量比较的能力，并针对工具的大小展开讨论。

活动延伸

教师可以循序渐进地介绍更复杂的烹饪活动。每次活动中都要请儿童谈一谈他们对测量工具大小的看法并使用正确的语言，如一杯、半杯、茶匙、汤匙，这样可以帮助儿童更好地理解测量。

儿童调制出原色的手指画材料后，教师可以引导他们将原色混合以产生新的颜色。儿童可以通过在铜版纸上混合颜料或者在碗里调制食用色素对颜色进行探索。

时间书

活动主题

根据儿童的一日生活流程描述时间并对一天的事件进行排序。

创造性技能

- 合作
- 交流
- 记录

活动目标

能够运用恰当的词汇描述一天中的时间顺序——早晨、上午、下午、晚上。

活动材料

21.5 厘米 ×28 厘米大小、各种颜色的美工纸，打孔器，细绳或纱线，马克笔、铅笔以及油画棒。

活动概况

在这个活动中，儿童需要对一日生活中的活动及其顺序进行思考。他们需要把一日生活中的主要活动在纸上画出来，然后按照这些活动发生的时间顺序进行排列，最终制作成一本书。这个活动最好以小组活动的方式进行，这样教师就可以在小组合作创作这本书的过程中给予儿童充分、细致的指导。

活动过程

1. 在活动开始前，教师需要把美工纸对半剪开，把每张手工纸剪成 21.5 厘米 ×14 厘米大小的两张纸。将剪好的美工纸横向放置，并用打孔器在每张纸的左边打两个孔，这样就能保证儿童有最大的空间去画画。为每个儿童提供 5 ~ 10 张手工纸，2 段 20.3 厘米长的纱线或细绳。告知儿童他们需要制作一本关于一日生活的书。在制作完成之后，他们需要用绳子把书的每一页系在一起。

2. 在每个小组内提问，问问儿童在早上来学校之前他们都做些什么。教师可以引导孩子说：吃早餐、穿衣服、走路或坐车来园等等。要求儿童仔细思考一下，自己在上午、下午以及晚上都会做什么。儿童可以在美工纸上把自己做的事情画出来或者写出来。要求儿童在一页纸上画出一个活动，这样有利于儿童思考这些事件发生的顺序。

3. 帮助儿童思考一日生活中事件发生的顺序，然后按照他们的描述把画按顺序排列好。如果儿童没有按照事件发生的顺序排序，教师可以提出下面这些有针对性的问题：你是在午餐之前吃早饭还是午餐之后吃早饭？你是在午餐之前午睡还是午餐之后午睡？反复强调表示时间的术语，如早晨、上午、下午以及晚上。

4. 当儿童完成了书中的每一页内容，鼓励儿童给每本书加一个封面并在封面上写下书的名字。教师或者儿童可以给书起名并写在封面上，比如“姗达的一天”，然后请儿童为这个封面配图。鼓励儿童在打好的孔中穿线绳，如果他们不会打结，教师可以给予帮助。

活动记录

通过轶事记录儿童理解时间顺序以及使用目标词汇的能力。将儿童制作的关于一日生活的书籍保存在他们的成长档案当中，作为记录。

活动延伸

教师可以请儿童把这本关于时间的书带回家，并提供一些空白页，要求儿童更细致地画出早上或晚上在家里做的事情，也可以把周末的活动按照顺序画出来，加进这本书里。在家庭成员的帮助下，儿童可以把家中发生的事件写下来或画出来，作为新的内容添加进这本书中。

倒计时链

活动主题

理解一周的时间概念。

创造性技能

- 视觉化

活动目标

能够计数一周或几周中的日子（一周中的七天或者几周的时间）去等待一个特定事件的到来。

活动材料

5 厘米 ×20 厘米的美工纸纸条，一组 7 条（颜色相同）；胶水。

活动概况

在这个活动中，儿童需要将美工纸做成纸环链，用纸环链帮儿童计算离一个特定事件的发生还有几天时间。这条纸环链可以帮助儿童巩固一周有 7 天这个概念。

活动过程

1. 在活动开始之前，准备颜色合适的美工纸。每个颜色可以对应一周中的一天。当然，如果距离一个特定事件发生不止一周，那么在制作纸环链的时候，可以一周的 7 个环用一个颜色，然后下一周的 7 个环用另一个颜色。

2. 在教室中提供一张传统日历，在日历上标注出一个特定的事件。儿童围坐在一起观察这张日历。要求儿童从今天开始计数距离这个特定事件发生还有几天。

3. 与儿童讨论一周中的七天，一边讨论一边把手工纸条传下去。然后，一次请一个儿童把纸条拿到前面，连接到前面做好的纸环链上，请儿童用胶水将自己的纸条粘贴到前面做好的纸环上。当纸环链上的纸环数已经达到我们想要的数量时，与儿童一起讨论如果用这个纸环链来帮助我们计数离这个特定事件发生还有几天的话，该如何每天把纸环从纸环链上取一个下来。

4. 请儿童每天从纸环链上取下一个纸环，让全班儿童和教师一起倒计时。

活动记录

通过轶事记录儿童表述一周七天以及朝某个特定事件计数天数的能力。

活动延伸

家长或其他养育者可以在家中重新开展这个活动，以增强儿童对一周几天的理解。教师可以把任务详情发送到儿童的家庭，并为家庭提供一些美工纸条，鼓励家长和儿童一起为一个重要的家庭事件倒计时。

相关儿童读物

Leedy, Loreen. 1997. *Measuring Penny*. New York: Henry Holt.

在这本书中，主人公丽萨和她的小狗彭尼使用标准化或非标准化测量方式测量了家居物品。这本书可以调动教师和儿童对熟悉的物体进行测量的兴趣和欲望。

Lionni, Leo. 1995. *Inch by Inch.* New York: Harper Collins.

这是一本非常经典的书，书中有一只尺蠖用自己的身体丈量它所生活的世界。

Ward, Cindy. 1997. *Cookie's Week.* New York: Puffin.

这本书的主人公是一只叫“小饼干”的小猫，每天这只小猫都会去探险，儿童可以跟着小猫的探险活动感受、理解一周中的每一天。

第6章 数据收集与统计

年幼儿童天生就是好奇的，他们每天花费大量时间提出问题，寻找问题的答案。教师可以利用儿童天生爱提问的天性鼓励儿童提出问题、收集儿童的问题、讨论儿童学习的结果，这些方式能够深化儿童的学习与思考。教师可以很自然地将分类和计数活动作为数据收集与统计活动的切入点。从事早期教育的教师可以有策略地把班级中有关分类和计数的活动做一些扩展，其中包括更多正式的数学技能，比如收集信息、识别模式等。年幼儿童还可以参与简单的（在两个选项中选择的）社会调查活动，并向同伴提出调查问题，进一步收集有关问题答案的数据。

年幼儿童在设计简单的调查内容并对调查问题回应的过程中，可能会需要教师的支持。他们经常会提出不止一个选项，比如“我想步行到公园和消防局”，有时儿童还会因为自己的选择和大部分人不一样而感到不安。碰到这些情况时，教师需要有足够的耐心和儿童讨论为什么每个人只能有一个选项，并向儿童重申每个选项都是很重要的。当儿童对个别化的有意义的调查或者数据收集活动有了丰富的经验之后，这些经验可以促进儿童对数据收集以及分析过程有更深入的理解。

教师在计划与数据收集相关的活动并思考活动结果时，需要仔细考虑全美数学教师协会提出的相关数学教育原则与标准。

数据收集与概率

构思需要用数据来解决的问题，通过收集、组织以及展示相关数据来回答这些问题

从学前期到二年级，所有的学生都能够：

- 提出问题并收集关于他们自己以及周围环境的数据。
- 根据物体的属性来对其进行分类并组织有关数据。
- 用实物、图画以及图表来表征数据。

选择和运用适当的统计方法分析数据

从学前期到二年级，所有的学生都能够：

- 描述数据的各个部分以及数据的整体以决定数据表达的意义。

发展和评价基于数据的推理和预测

从学前期到二年级，所有的学生都能够：

- 讨论与其经验相关的事件是否有可能发生。

来源：美国《学校数学教育的原则与标准》(*Principles and Standards for School Mathematics*)

数据收集与数据展示

有一种向儿童介绍数据收集的过程，就是教师在集体活动时向儿童提出简单的、可用“是”与“否”来回答的问题。对儿童的回答进行计数并分享

计数结果可以帮助儿童理解我们为什么要收集数据。儿童需要有大量的数据收集与组织的经验，并且这些经验应该与儿童个人的兴趣爱好相关。

- 我们应该为班级中的宠物取什么名字？
- 你更喜欢巧克力口味还是香草口味？
- 我们该去散步还是玩一个户外游戏呢？

当儿童提出一个问题或回答某个问题后，教师可以帮助儿童以他们能够理解的方式对数据进行组织和展示。正式的或非正式的分类活动都可以成为帮助儿童理解数据组织的切入点，分类的过程还可以帮助儿童去思考物体之间的相同点与不同点。

有助于理解的班级教学案例：数据收集

这是一个四岁孩子的班级。今天孩子们很兴奋，因为班级的鱼缸里又增加了一条小鱼。孩子们正在和他们的老师贝卡一起给这条小鱼起名字。孩子们提供了三个名字——内莫、瑞德·盖伊和马基克。贝卡老师在教室前面张贴了一张大纸，把纸分成了三列，每列上面写着一个备选的名字。贝卡老师还为每个儿童提供了一张即时贴，指导他们把即时贴贴到他们自己想选的那个名字下面。儿童一个接一个走到教室前面，慎重考虑自己想选的名字后投票。这个过程很有趣！看起来“马基克”会是小鱼的名字，因为10个儿童里面有7个选择了这个名字。贝卡老师要求他们数一数每个名字有几票。数的结果是“内莫”这个名字有2票，“瑞德·盖伊”有1票，“马基克”有7票。“小鱼就叫马基克啦！因为这个名字比其他两个名字的选票更多。”贝卡老师宣布说，“我们一起欢迎马基克来到我们班级吧。”

反思

贝卡老师利用教室里自然发生的机会鼓励儿童收集数据，并利用这些数据得出一个结论。投票的过程可以帮助儿童清楚地了解每一票对于最终的决定都是重要的，并且是以儿童能够理解的方式呈现投票的过程和结果。

绘制图表

通过绘制图表，儿童可以把他们收集到的信息展示出来与他人分享。当儿童能够把他们感兴趣的问题或者话题绘制成图表并与他人分享其中的内容时，儿童就能够发现数学可以通过这种个别化的有意义的方式与他人交流。在早期教育的教室里，幼儿绘制图表会经历以下三个阶段。

第一步——儿童在绘图垫或口袋式图表（pocket chart）里放置实物。

第二步——教师向儿童介绍图片式统计图。儿童把代表实物的图片放在统计图中。

第三步——教师向儿童介绍符号式统计图。在这个高级阶段，儿童使用词汇、数字或其他符号表征他们收集到的数据。

前面我们所列举的就是运用符号式统计图的案例，每个儿童都用将即时贴贴在相应名字下面的方式表达了自己的选择。贝卡老师和儿童一起大声地数出每个名字下面的即时贴数量，这样做可以帮助儿童理解每个选择叠加在一起最终才能得到一个统计结果。在儿童绘制图表的过程中，鼓励儿童大声数一数图表上的物体、数字或词汇的数量，并讨论数出的数字代表什么，这有助于儿童理解数据收集与统计的含义。

将数据收集与统计融入活动的小贴士

为了回答儿童感兴趣的问题，教师可以采用信息收集、统计的方法，并把这类活动作为班级常规的、持续性的数学活动。教师可以使用描述性语言，如“更多”“更少”或者“一样多”，来描述儿童展示出的数据以帮助他们对数据进行分析。收集的数据对每个儿童而言，都应该是有意义的，这样儿童才能发现图表和数据与他们日常生活经验之间的直接联系。

用于引发探究和探索活动的提问

- 为了弄清楚来龙去脉，你会提出什么问题？
- 我们可以投票，我们要在哪两个主意之间进行选择呢？
- 你想弄清楚什么问题？
- 怎么才能让你的朋友明白你的想法？

活动方案

我们最喜欢的颜色

创造性技能

- 记录
- 探索
- 视觉化

活动主题

收集信息来回答所感兴趣的问题。

活动目标

- 能够针对班级成员最喜欢的颜色进行数据收集。
- 能够使用描述性语言进行数据比较，在最后的图表中识别出哪个多、哪个少，或者一样多。

活动材料

黄色、橘黄色、红色、绿色、蓝色以及紫色的即时贴，大张的图表纸、马克笔。

活动概况

在这个活动中，每个儿童选择一个他最喜欢的颜色的即时贴，然后把它贴到图表的相应栏中。

活动过程

1. 在活动之前，用马克笔将这张图表纸分成六栏，分别命名为黄色、橘黄色、红色、绿色、蓝色和紫色栏。将这张图表贴到墙上或者公告栏上，把各种颜色的即时贴放在旁边的桌子上。

2. 向儿童说明他们接下来需要绘制一张图表，这样就可以知道大体上班级成员最喜欢的颜色是什么。

3. 请儿童轮流走到图表前，把自己最喜欢的颜色的即时贴贴到相应的栏中，要从图表的底部开始贴，同时向儿童展示怎样把自己的即时贴从同一列中别人贴好的地方接着向上贴，这样就能做出一张柱形图。

4. 每个儿童都贴好了即时贴后，与儿童一起数一数每栏中有几张即时贴。

5. 提出问题："哪一栏中即时贴更多？你是怎么知道的？"在总结结果时，教师可以问："哪一种颜色是大部分同学喜欢的？哪一种颜色喜欢的人数最少？"

6. 把这张图表张贴在教室中，儿童可以参照这张图开展后续的图表绘制活动。

活动记录

通过轶事记录儿童对颜色进行分类以及在颜色图表中表达自己选择的能力。将儿童制作的图表张贴在教室里，这些图表既能作为儿童后续活动的参考，也是儿童学习的资源。

活动延伸

教师可以要求儿童对其他具象物体进行统计并制作图表。比如，教师可以制作天气图表，这样便于儿童进行天气预测。教师剪出太阳、乌云、雨滴等形象，将其贴在每一栏的顶端。在一天结束时，回顾这张天气预报图，看看儿童对天气预测的情况如何。

"大自然颜色"统计图表

活动主题

根据颜色的异同对自然界中的物体进行比较和分类。

创造性技能

- 记录
- 探索
- 视觉化

活动目标

- 能够根据颜色收集自然界中的物体并进行分类。
- 能够把自然界中的物体按照颜色分类并放置于颜

色图表的列栏中。

- 能够使用描述性的语言去比较数据，并判断图表中哪一栏的物体多、哪一栏的物体少，或者哪些栏中的物体一样多。

活动材料

纸袋、大张的图表纸、数码相机（可选）。

活动概况

教师和儿童一起外出散步，收集大自然中的物体。回到教室后，儿童根据颜色对这些物体进行分类。

活动过程

1. 在活动之前，问一问儿童在自然界中看到了哪些颜色。教师可以问问儿童他们之前看到的花或者石头是什么颜色。

2. 用马克笔把图表纸分成 6 ～ 8 栏。用之前讨论过程中儿童提出的颜色为每一栏命名。可以留几栏空白，留着在接下来的活动中用标签命名。

3. 邀请儿童和教师一起去大自然散步，并在散步的过程中收集不同颜色的小物体。为每个儿童提供一个用于收集东西的纸袋。可以鼓励儿童在散步过程中互相交流所看到物体的颜色。

4. 回到教室后，教师为儿童提供足够的空间，鼓励他们按照颜色对收集的物体进行分类。请儿童对看到的所有颜色进行命名。

5. 把颜色图表放在地板上，根据实际需要用新的颜色标签对空白的几栏进行命名。儿童分类结束后，请每个儿童选择一个物体，根据颜色将其放到图表的相应列栏里。

6. 每个儿童都放置了一个物体后，请儿童观察图表并讨论——哪个颜色对应的物体数量最多？哪个颜色对应的物体数量最少？

7. 可以把剩下的自然物放到数学区中，鼓励儿童继续对其进行分类。

活动记录

通过轶事记录儿童按照颜色对物体分类以及把它们用于绘制图表的能力，完成的颜色图表反映了儿童理解颜色的能力，如果教师需要可以对图表进行拍照，把它作为未来的参考资料。

活动延伸

每个季节都有与科学相关的课程，都可以用这个活动的方式去开展，这样儿童就可以在一年四季里探索大自然的不同颜色。给完成的颜色图表拍照，这样儿童就可以对不同时节的颜色进行观察和比较。

多种角度分类

活动主题

分类比较物体的相同点和不同点。

创造性技能

- 合作
- 交流
- 记录
- 探索
- 视觉化

活动目标

- 能够根据物体的某个属性进行分类。
- 能够在数学记录本中对分类标准进行记录。

活动材料

数学记录本，铅笔、马克笔、油画棒、彩色铅笔，
教室中常见的各种大小、颜色的物体，如各种颜色的绒球、用于计数的玩具熊、套索方块、小的动物偶、积木等，用于分类的各种大小的容器。

活动概况

在这个活动中，儿童首先针对如何对教室中的常见物体进行分类展开头脑风暴，然后再根据这些物体的属性进行分类活动。

活动过程

1. 把教室中的常见物品混在一起放在桌子上，旁边放好用于分类的容器。请儿童带好自己的数学记录本，和教师一起围坐在桌子旁。儿童可以独自操作也可以和旁边的同伴一起合作。

2. 请儿童观察这一堆物品，请他们思考如何分类可以不让这些物体像现在这样混在一起。仔细倾听儿童的想法或者观察儿童的分类动作，鼓励他们思考其分类标准是否可行。为了鼓励儿童的思考，教师可以这样说："这个想法很不错。你能不能想出其他的分类方法？"教师可以问一问儿童他们观察到了物体的哪些特征，以及哪些特征导致物体相似或不同。

3. 当儿童对物体的某些不同属性有了自己的认识和想法后，鼓励他们按照这些属性把物体放到不同的容器中去做多种分类。

4. 儿童分类结束后，要求他们在数学记录本中记录自己每次的分类标准。儿童可以运用涂色、绘画或者勾勒出实物轮廓的方法进行记录。

活动记录

通过轶事记录儿童合作、问题解决以及视觉化的能力。回顾儿童的数学记录本以评估他们的学习。

活动延伸

儿童可以对很多物体（包括自然物）按照不同的标准进行分类，并在其中获得大量不同的分类经验。教师通过更换一组一组的物体来帮助儿童更好地理解物体的相同点和不同点。比如，如果教师发现儿童一直都是按照颜色进行分类，那就为儿童提供一组颜色相同的物体。这种做法可以促使儿童在探索物体不同大小、材质和用途的过程中对物体的其他属性展开多角度的思考。

猜猜我在想什么

活动主题

按照相同点和不同点对物体进行比较和分类。

创造性技能

- 合作
- 交流
- 探索
- 问题解决
- 视觉化

活动目标

能够按照某种特定的属性识别物体并进行分类。

活动材料

教室中常见的各种大小、颜色的物体，如各种颜色的绒球、用于计数的玩具熊、套索方块、小的动物偶、积木等，桌面分隔器。

活动概况

在这个活动中，儿童两两一组玩分类的游戏。将桌面分隔器置于两个儿童中间，一个儿童对一组混在一起的物体进行分类，另一个儿童猜他的分类标准是什么。

活动过程

1. 将儿童分成两人一组，并为每组儿童提供一堆混在一起的物体，将桌面分隔器置于两个儿童中间。

2. 要求儿童轮流分类和猜测。一位儿童根据物体的某个特定属性，如大小或者颜色进行分类。分类结束后，另一位儿童需要隔着桌面分隔器去猜对方是按照物体的什么属性分类的。

3. 儿童开始玩游戏，在儿童轮流对物体进行分类的过程中，鼓励他们有创造性地选择某种属性对物体进行分类，以增加游戏的复杂性。

4. 结束猜想后，请担任分类任务的儿童向同伴解释自己的分类标准。如果教师想进一步推动儿童思考，可以问问他们每类物体的什么地方看起来是一样的。

活动记录

通过轶事记录儿童合作、问题解决以及将思维视觉化的能力。

活动延伸

当儿童有了丰富的分类经验后，鼓励他们去收集自己的物品来分类。这可以拓展分类的多种可能性，并鼓励他们用创造性的方式进行计划和思考。

我们投票吧！

创造性技能

- 合作
- 交流
- 记录
- 问题解决

活动主题

社会学习和数学学习的融合。

活动目标

- 能够参与小组投票活动。
- 能够通过收集信息来为自己感兴趣的问题寻找答案。
- 能够使用描述性的语言对数据进行比较，并识别图表中哪个数量多、哪个少或者一样多。

活动材料

大张的图表纸，细头的马克笔，各种颜色的即时贴。

活动概况

在这个活动中，儿童需要围绕一个有多种可能答案的问题展开思考，然后儿童需要投票并绘制一个简单的统计图表。

活动过程

1. 与儿童一起围绕统计图表进行讨论，问问儿童之前是否在哪儿见过统计图表。教师可以考虑提出下面这些问题：统计图表的作用是什么？我们什么时候可以使用统计图表？我们能从图表中看到什么？向儿童展示一个统计图表的样本，讨论图中每一栏是什么意思。教师提供的这张统计图表如果和儿童的生活有关就更好了。比如，教师可以提供一张班级中四岁儿童和五岁儿童数量的统计图表，图表的一栏是四岁儿童的名字，另一栏是五岁儿童的名字。

2. 要求班级儿童想一个他们感兴趣的、可以通过投票来解决的问题，比如：班级里那条新来的小鱼叫什么名字？要去哪里散步？这些都是值得通过统计来探索的问题。

3. 讨论一下有几种投票的选项，然后在图表纸上分隔出相应的几栏。

4. 向儿童说明每个人只能投一票，他们可以在自己选择的那一栏中贴上即时贴或者写上自己的名字，然后请儿童一个接一个地投票。

5. 鼓励儿童把投票的最终结果大声地数出来，并使用数学语言，比如“多”“少”或者“一样多”。

活动记录

通过轶事记录儿童合作、问题解决以及轮流的能力。将班级合作绘制的统计图表作为评估儿童学习的佐证。

活动延伸

教师可以把这次活动变成班级中的常规活动，请儿童每天都进行一个调查活动。教师可以每天向儿童提出一个简单的问题，请儿童把自己的姓名贴移到他们的选项下。教师提出的问题应该是与儿童息息相关的，并只有两个选择。比如：我们是把球还是泡泡水拿到操场上去玩？今天吃点心的时候，我们是喝葡萄汁还是苹果汁？投票结束后，请儿童统计投票结果，并让所有儿童知道统计的最终结果。当儿童能较好地理解统计过程时，可以适当增加所调查问题答案的选项。

相关儿童读物

Harris, Trudy. 2010. *Tally Cat Keeps Track. Minneapolis*, MN: Millbrook Press.

这本书的主人公是一只叫塔利·麦克纳利的流浪猫，它很喜欢统计，儿童可以跟着这只小猫展开统计之旅。

Murphy, Stuart J. 2005. *Tally O'Malley*. New York: Harper Collins.

这本书中的主人公进行了很多统计游戏，儿童可以跟着主人公一起玩这些游戏。

第7章 模式与关系

模式是数学学习的基础，是儿童代数思维发展的基石。年幼儿童的模式能力包括对模式的识别、拓展、创造和复制。如果我们将一组物体直线排列，至少三次重复一个核心单元，儿童就会清楚地看到其中的重复并识别出模式。向儿童介绍的最简单的模式是 AB 模式，即模式的核心单元由两个要素构成。例如，教师可以将颜色不同的筹码按照红色、蓝色、红色、蓝色、红色、蓝色……排列，这就形成了一个 AB 模式。更复杂一点的模式包括 ABC、AABB 或者 ABCD。模式牵涉到对物体之间关系的识别，年幼儿童可以通过模式预测或解释物体之间的关系，比如，儿童可以在拓展 AB 模式的过程中预测一个红色筹码后面会跟着一个蓝色筹码。

教师在设计帮助儿童理解模式的活动时，需要考虑全美数学教师协会提出的与模式相关的原则与标准。

代数

理解模式、关系以及函数

从学前期到二年级，所有学生都能够：

● 根据物体的大小、数量以及其他属性进行分类和排序。

● 能够识别、描述并拓展由一系列声音、形状或简单数字构成的模式，并能够在不同的模式表征形式之间进行转换。

● 能够分析重复型模式和增长型模式是如何形成的。

来源：美国《学校数学教育的原则与标准》(*Principles and Standards for School Mathematics*)

有助于理解的班级教学案例：音乐模式

桑迪老师班级的小朋友们正围坐在地毯上选择要演奏的乐器。今天，桑迪老师计划在乐器演奏的过程中向儿童提出一个新挑战，即用乐器演奏出一个ABC模式。孩子们选择摇铃作为A、鼓作为B、哨笛作为C。选择摇铃的儿童都代表A，拿鼓的儿童都代表B，拿哨笛的儿童都代表C。桑迪老师提醒儿童要记住自己所代表的字母，并思考自己应该站在谁的旁边。桑迪老师问道："如果我代表B，手里有一只鼓，那么我旁边还能再站一个拿鼓的小朋友吗？"全班儿童一致不同意并帮助同伴们在队伍中找到正确的位置。在儿童走来走去找位置的过程中，桑迪老师一直在重复："ABC，摇铃、鼓、哨笛。"当所有儿童都站定位置后，桑迪老师问道："你们准备好来检验我们排出的模式了吗？""准备好了！"全班小朋友一起回答。桑迪老师说："卡佛站在队伍的第一个，那模式就由卡佛开始。准备好了吗？开始！"每个儿童用手里的乐器演奏一个音符，从排头开始一个接一个地演奏，直到排尾结束。当队伍中最后一个儿童演奏完，桑迪老师大声宣布："你们做到了！你们成功了！你们演奏了一个完美的ABC模式！"

反思

在这个活动中，桑迪老师展现了一个将数学和音乐完美融合的优秀范例。对于儿童来说，通过演奏乐器来创造 ABC 模式是一次积极的体验。在这个活动中，桑迪老师的提问与提示有力地支持了儿童在活动过程中的反思。全班儿童一起参与活动也为儿童之间的互相学习与互相支持提供了机会。

将模式与关系融入活动的小贴士

虽然模式是早期数学学习的重要内容，它也可以与其他领域的学习相融合。在科学、艺术、语言、音乐和运动领域都可以渗透模式的学习。将数学经验与数学语言融入其他领域有关模式的学习中，有助于儿童建立跨学科的联系，还可以帮助儿童从不同视角出发寻找并理解物体之间的关系，从而加强儿童有关模式的技能。

用于引发探究和探索活动的提问

- 当你观察这幅图的时候，你注意到了什么？
- 你发现这些物体之间的区别了吗？

- 你怎么做才能让这个模式继续呢？
- 接下来要放哪一个？你怎么知道的？
- 这些物体可以放在一起吗？
- 它们是一样的还是不一样的？

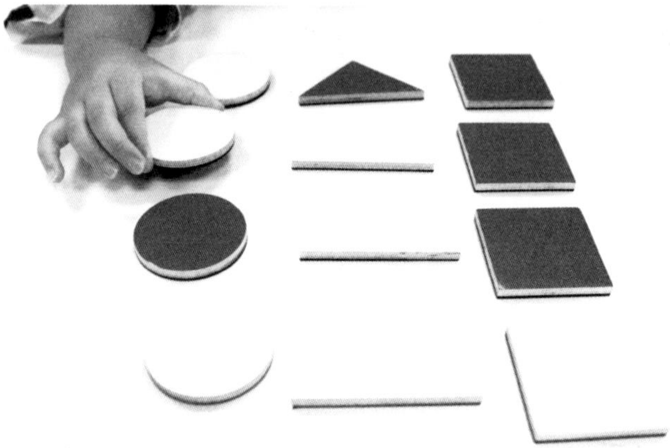

活动方案

识别物体属性

活动主题

根据物体的一个或两个属性进行分类，如颜色、大小、形状或材质。

活动目标

- 能够根据特定属性对物体进行分类。
- 能够在数学记录本中记录分类的标准。

创造性技能

- 合作
- 交流
- 探索
- 视觉化

活动材料

铅笔、马克笔、油画棒或者彩色铅笔，大张的图表纸，胶水，教室中常见的各种大小、颜色的物体，如各种颜色的绒球、用于计数的玩具熊、套锁方块、小的动物偶、积木等，用于分类的容器，数码相机（可选）。

活动概况

这个活动建立在第 6 章介绍的前期分类经验之上，可以在活动之前鼓励儿童在数学区中操作。儿童可以独自，也可以在小组活动中采用不同的标准对同一堆物体进行分类。

活动过程

1. 在活动之前给图表纸写上标题“我是如何分类的?”，然后将这张图表分成两栏。左边一栏用儿童的名字标识，右边一栏用儿童的分类标准标识，将图表贴到墙上。

2. 将各种物体放置在数学区中，请儿童到数学区寻找这些物体可用于分类的不同属性，包括颜色、大小、形状、材质等。

3. 在儿童探索将混合物分类的方法时注意观察他们的行为，鼓励儿童用涂色、绘画等方式将自己的分类标准记录在图表上。

4. 儿童记录的过程中，帮助他们写出描述性的词汇或者给儿童分类后的物体拍照用于展示。

5. 在数学区对物体分类的活动持续了几天后，把图表《我是如何分类的?》在集体数学活动上展示出来，与儿童一起讨论他们发现的各种用于分类的属性。

活动记录

回顾图表《我是如何分类的?》，如果拍了照片，照片也是重要的记录形式。

活动延伸

鼓励儿童再次使用各种不同的媒介和材料进行分类，包括自然物和数学操作材料。

同学模式

活动主题

根据物体的一个或两个属性进行分类，如颜色、大小、形状或材质。

创造性技能

- 合作
- 交流
- 探索
- 视觉化

活动目标

在集体活动的背景下与其他儿童合作创造模式。

活动材料

数码相机。

活动概况

在这个活动中，教师需要根据某种特征将儿童分成两组，然后要求儿童用 AB 模式排队，儿童通过自己的身体运动感受重复的模式。

活动过程

1. 在集体活动时提醒儿童模式是由重复的元素（核心单元）构成的。

2. 根据某种特征将儿童分成两组，比如一组儿童是长头发，一组是短头发；一组儿童穿着长袖衣服，一组穿着短袖衣服；一组儿童穿着纯色衬衫，一组穿着有图案的衬衫。

3. 鼓励儿童根据某种属性排队创造 AB 模式。如“特尼娜是长头发，贾克森是短头发，卡斯蒂是长头发，接下来该是谁？为了延续我们的模式，卡斯蒂后面应该是长头发的小朋友还是短头发的小朋友？”鼓励儿童在创造模式的过程中大声说出下一个是谁，结束后鼓励儿童检验排出的模式是否正确。

4. 在全班儿童参与创造模式的过程中，和他们一起创造至少两种模式会很有帮助，它有助于儿童练习、运用模式思维。

5. 鼓励儿童认真思考全班同学的多种特征，并运用这些特征对同学进行分类进而创造模式。

6. 儿童每完成一个模式，教师就把它拍下来，将其展示在数学区里。儿童可以在后续的活动中回顾这些照片，并将其作为学习资源使用。

活动记录

通过轶事记录儿童识别物体属性并应用这些属性创造模式的能力。教师可以把儿童排队创造模式的照片拍下来，作为记录。

活动延伸

教师可以为儿童提供各种运用模式的机会。如果儿童有了持续不断的分类和创造模式的经验，这种类型的活动就会深受儿童喜爱。在这个活动中，教师还可以要求儿童进行情绪模式的创造——开心的脸，伤心的脸，开心的脸，伤心的脸……除此之外，还可以根据其他属性创造模式。

托盘里的模式

创造性技能

- 记录
- 探索
- 视觉化

活动主题

根据物体的一个或两个属性进行分类，比如颜色、大小、形状或材质。

活动目标

能够根据物体的某个属性进行分类。

活动材料

模式纸条（2.5 厘米 ×20 厘米大小的纸条，纸条上每 2.5 厘米用马克笔画一条线），人手一个托盘（作为儿童创造模式的空间），一组操作材料（形状模式——模式积木或者纽扣，颜色模式——动物筹码、颜色筹码、套索方块，大小模式——美工材料，如绒球或者动物一家的筹码)。

活动概况

在这个活动中，儿童使用模式纸条和其他小物件创造模式。

活动过程

1. 把模式纸条或者操作材料放在每个托盘里，然后将托盘放在数学区或者儿童可以自由取放的桌子上。向儿童说明如何使用模式纸条和其他物品去创造模式，让他们用这些物体去创造自己的模式。

2. 活动开始时，教师与儿童一起操作材料，以确保儿童理解如何运用物体创造模式。可以从简单的AB模式开始，如使用红色小熊、蓝色小熊、红色小熊、蓝色小熊、红色小熊。请儿童观察这个模式并思考：红色小熊后面应该是什么颜色的小熊?

3. 鼓励儿童围绕模式展开交流。向儿童示范如何描述一个模式对他们很有帮助，如“我先放了一只红色小熊，然后是一只蓝色小熊，再放一只红色小熊，那么接下来应该放一只什么颜色的小熊才能让模式延续呢?”儿童拓展这个模式之后，要求他们对自己创造的模式进行交流。

4. 鼓励儿童使用模式纸条创造新的模式。

活动记录

回顾儿童运用模式纸条创造出的模式，通过轶事记录儿童识别并运用物体属性的能力。

活动延伸

为儿童提供大量在数学区操作各种材料的机会，包括各种自然物和数学操作材料，帮助儿童练习用模式纸条创造模式的技能，鼓励他们尝试不断创造更复杂的模式。

世界中的模式

创造性技能

- 合作
- 交流
- 探索
- 视觉化

活动主题

寻找并识别一直存在于环境中的模式。

活动目标

能够合作寻找并识别环境中的模式。

活动材料

数码相机。

活动概况

在这次活动中，教师会带着全班小朋友到户外散步并在学校附近或者操场上寻找和识别各种模式。活动前教师先到户外小路上走一次很有必要，这样带儿童户外散步的时候就知道在哪里该停下来，帮助儿童将注意力聚焦于特定的环境特征。

活动过程

1. 向儿童说明这次活动教师会带他们到户外散步并寻找模式，帮助儿童理解生活环境中处处都有模式。

2. 引发儿童对教室里某个模式的注意——一扇窗户、一面墙壁或者地板，这可以帮助儿童思考在哪里可能找到模式。

3. 一旦儿童在散步过程中发现某个模式，教师就应该让所有儿童都停下来，将儿童的注意力吸引到这个模式上，要求发现模式的儿童向全班小朋友描述这个模式。

4. 将儿童发现的模式拍下来。

活动记录

通过轶事记录儿童交流、合作、探索以及识别模式的能力。回顾儿童发现的模式的照片。

活动延伸

把散步时儿童发现模式的照片打印出来，要求儿童通过合作把他们发现的模式展示在教室当中。教师可以帮助儿童把有关模式的描述性文字写在图片旁边。

动作模式

创造性技能

- 合作
- 交流
- 探索

活动主题

通过身体运动识别和探索简单模式。

活动目标

参与合作创造动作模式的活动。

活动概况

这是一次集体活动，全班儿童都要加入这个聚焦于用身体动作创造简单模式的过程。

活动过程

1. 问一问儿童关于模式他们知道些什么，关于之前开展过的模式活动，他们还记得什么内容。

2. 要求儿童通过身体运动创造模式，向儿童示范一个简单的AB模式：拍手、跳、拍手、跳、拍手、跳。要求全班儿童站起来用身体创造模式，要求儿童大声说出自己的动作并偶尔要求儿童停下来，问一问他们接下来该做什么动作。

3. 教师可以向儿童介绍 ABC 模式，以增加游戏的复杂性：拍手、走、跳、拍手、走、跳、拍手、走、跳。

4. 当儿童有了丰富的经验之后，要求儿童轮流说出接下来的动作是什么。

活动记录

通过轶事记录儿童交流、合作以及探索模式的能力。

活动延伸

教师可以鼓励儿童运用简单的乐器来创造声音模式，如摇铃、沙铃、鼓。

模式串珠

创造性技能

- 探索
- 有策略的规划
- 视觉化

活动主题

识别并创造简单的模式。

活动目标

能够使用珠子识别并创造简单的模式，如 AB 模式或 ABC 模式。

活动材料

长线绳，各种颜色和形状的大串珠，人手一个托盘。

活动概况

在这个活动中，儿童通过珠子创造自己的模式。儿童一旦发现自己创造的模式出现了错误，可以轻而易举地把珠子拿下来并进行修正。教师需要注意的是，小颗粒的珠子可能会给儿童带来窒息的危险，特别是那些还不到三岁的儿童。根据儿童年龄为其提供适宜的材料，与儿童一起讨论使用这些材料的正确方法与注意事项。

活动过程

1. 在活动之前为每个儿童准备一段约30厘米长的线绳，在每段线绳的末端打一个结。将打好结的线绳、珠子放在托盘里，然后将托盘放在方便儿童自由取用的桌子上。

2. 教师和儿童一起穿珠子，在这个过程中向儿童介绍用珠子创造模式的想法。请儿童想一想他们想用珠子创造什么模式。帮助儿童理解模式是如何重复的。

3. 必要的时候儿童需要去寻找自己想要的珠子并对这些珠子进行分类。鼓励儿童重复自己模式中的核心单元，直到将整根绳子穿满珠子。

4. 儿童创造模式的活动结束之后，鼓励他们与周围的小朋友交流自己创造的模式。需要特别指出的是，教师需要针对珠子与珠子之间的关系询问儿童：在这个长方形的珠子后面，要跟着一个什么形状的珠子？你是怎么知道的？

5. 可以把儿童穿出的珠子模式作品展示在记录板或者公告栏里。

活动记录

通过轶事记录儿童识别和运用物体属性进行简单模式创造的能力。教师可以把儿童完成后的穿珠模式展示出来，为儿童后续有关模式的学习提供参考。

活动延伸

儿童可以把串珠拆开，然后继续用这根线绳创造不一样的模式。教师还可以鼓励儿童用超轻黏土或者橡皮泥制作串珠，然后将风干的串珠涂上颜色，最后创造出自己个性化的穿珠模式。

相关儿童读物

Cleary，Brian P. 2012. *A-B-A-B-A——A Book of Pattern Play.* Minneapolis，MN：Millbrook.

这本图画书中有很多值得读者去探索的模式的例子，比如一系列重复的形状、颜色和物体。

Harris，Trudy. 2000. *Pattern Fish.* Minneapolis，MN：Millbrook.

这本图画书鼓励读者在书中发现模式，这些模式处处可见，如：小鱼的颜色、背景、书的文字、每张页面的边缘等等。

Stockdale，Susan. 1999. *Nature's Paintbrush.* New York：Simon and Schuster.

这本生机勃勃的书向读者展示了大自然中的缤纷色彩以及多种多样的模式。